OEUVRES COMPLÈTES

DE

SIR WALTER SCOTT.

Traduction Nouvelle.

PARIS,

CHARLES GOSSELIN ET A. SAUTELET ET Cᵒ

LIBRAIRES-ÉDITEURS.

M DCCC XXVII.

OEUVRES COMPLÈTES

DE

SIR WALTER SCOTT.

TOME CINQUANTE-TROISIÈME.

IMPRIMERIE DE H. FOURNIER,
RUE DE SEINE, N° 14.

PEVERIL

DU PIC.

« Si mes lecteurs venaient à remarquer que par
« moment je suis ennuyeux, ils peuvent être
« persuadés que ce n'est pas sans quelque secret
« motif. »

Les Moralistes anglais

TOME TROISIÈME.

(Peveril of the Peak.)

PEVERIL DU PIC.

(𝔓𝔢𝔳𝔢𝔯𝔦𝔩 𝔬𝔣 𝔱𝔥𝔢 𝔓𝔢𝔞𝔨.)

CHAPITRE XXIV.

» Nous nous vîmes.. hélas! comme on voit dans un songe
» Un fantôme léger, produit d'un doux mensonge.
» On voit son corps agir, ses levres se mouvoir,
» Mais d'aller jusqu'à vous nul son n'a le pouvoir;
» Ou sa voix, si parfois il vous semble l'entendre,
» N'est qu'un vague murmure, impossible à comprendre »

Le Chef du clan.

Nous avons dit en terminant le précédent volume qu'une femme parut à la porte de Moultrassie-Hall, et que Julien entendit les accens bien connus d'Alice Bridgenorth qui se félicitait du retour de son père, dont la visite au château de Martindale lui avait semblé très-dangereuse.

Julien, dont le cœur palpitait en suivant le major, fut introduit dans un vestibule bien éclairé; il était préparé à voir celle qui régnait sur son cœur se précipiter dans les bras de son père. A peine avait-elle reçu les embrassemens du major, qu'elle aperçut, à sa grande surprise, le compagnon qu'il avait amené. Sa vive rougeur, aussitôt remplacée par une pâleur mortelle qui bientôt fut effacée par un nouvel incarnat, apprit à son amant que sa présence imprévue était loin de lui être indifférente. Il la salua profondément, politesse qu'elle lui rendit avec le même cérémonial; mais il ne se hasarda pas à en approcher de plus près, sentant tout à coup combien leur position respective était délicate.

Bridgenorth fixa sur chacun d'eux tour à tour un regard froid et mélancolique. — Bien des gens à ma place, dit-il gravement, auraient évité cette entrevue; mais j'ai confiance en l'un et l'autre, quoique vous soyez jeunes et entourés de pièges auxquels votre âge est exposé. Il se trouve chez moi des personnes qui doivent ignorer que vous vous connaissiez déjà; soyez donc prudens, et agissez comme si vous étiez étrangers l'un à l'autre.

Julien et Alice échangèrent ensemble un coup d'œil, pendant que le major se détournait pour prendre une lampe à l'entrée du vestibule, et s'avançait vers une porte conduisant dans un appartement intérieur. Il n'y avait rien de bien consolant dans le regard rapide qu'Alice et Julien s'adressaient mutuellement, car celui d'Alice exprimait la crainte et la tristesse, et celui de son amant le doute et l'inquiétude. Mais au même instant Alice, courant à son père, prit la lampe qu'il tenait à la main, et elle précéda le major et Julien dans le grand salon, déjà indiqué comme l'appartement dans lequel Bridgenorth avait passé ses jours d'affliction depuis la mort de son épouse et de ses autres enfans. Il était éclairé comme pour y recevoir de la compagnie, et cinq ou six personnes y étaient assises, portant le costume noir, simple et sévère, qu'affectaient les puritains à cette époque, pour témoigner leur mépris pour le luxe qui régnait à la cour de Charles II, où un excès d'extravagance dans les vêtemens n'était pas moins à la mode que les excès en tout autre genre.

Julien ne jeta d'abord qu'un coup d'œil sur les figures graves et austères de ceux qui composaient cette société. C'étaient des hommes sincères peut-être dans leurs prétentions à une pureté scrupuleuse de conduite et de morale; mais on pouvait leur reprocher une affectation dans leur costume et dans leurs manières, comme à ces anciens pharisiens qui mettaient au grand jour leurs phylactères (1), et voulaient qu'on les vît jeûner et s'acquitter avec une ponctualité rigoureuse de tous les devoirs imposés par la loi. Leur costume presque uniforme était un habit noir de la coupe la plus simple, sans galons ni broderies, un gilet semblable, des pantalons noirs d'étoffe de Flandre, et des souliers carrés noués par de grandes rosettes de ruban de serge. Deux ou trois d'entre eux portaient de larges bottes, et presque tous avaient une rapière suspendue par une courroie à un ceinturon uni en buffleterie ou de cuir noir. Un ou deux des plus âgés, dont les cheveux avaient été

(1) C'était un morceau de peau sur lequel étaient écrits des mots hébreux : le scapulaire des catholiques est une espèce de phylactère. — Éd.

éclaircis par le temps, avaient la tête couverte d'un bonnet de soie noire, ou de velours de même couleur, qui, collé sur la tête de manière à ne laisser apercevoir aucune partie de la chevelure, et passant derrière les oreilles, les mettait au jour selon cette mode peu gracieuse qu'on remarque sur d'anciens portraits, et qui avait fait donner aux puritains par leurs contemporains les sobriquets de *Têtes-Rondes* et d'*Oreilles-Dressées*.

Ces dignes personnages étaient rangés le long du mur, chacun assis sur une chaise antique à longs pieds et à grand dossier, sans regarder ce qui se passait autour d'eux, sans paraître discourir ensemble, mais plongés dans leurs propres réflexions, ou semblant attendre, comme une assemblée de quakers, que l'un d'eux fût animé par une inspiration divine.

Le major Bridgenorth, d'un maintien non moins grave, traversa sans bruit cette compagnie silencieuse, fit une pause devant chacun de ses hôtes, sans doute pour leur communiquer ce qui venait de se passer, et le motif qui amenait à Moultrassie-Hall l'héritier du château de Martindale. Tous semblèrent se ranimer en entendant ces courts détails. On aurait dit une rangée de statues placées dans un château enchanté, qui recevaient la vie à mesure qu'un talisman les touchait. La plupart d'entre eux, tout en écoutant le récit du major, jetaient sur Julien un regard de curiosité, avec cet air de dédain orgueilleux que leur inspirait le sentiment intérieur de leur supériorité spirituelle, quoiqu'on pût remarquer sur les traits de quelques-uns des symptômes d'une compassion plus douce.

Peveril aurait supporté avec moins de patience cette espèce de revue que tous les yeux lui faisaient subir, si les siens, pendant ce temps, n'eussent été occupés à suivre tous les mouvemens d'Alice. Traversant l'appartement d'un pas léger, elle s'arrêta pour répondre quelques mots à voix basse à une ou deux personnes qui lui adressèrent la parole, alla s'asseoir près d'une dame âgée, vêtue tout-à-fait à l'antique, la seule femme qui se trouvât dans la compagnie ; et s'entretint avec elle d'une manière assez vive pour n'avoir besoin ni de lever la tête ni de porter les yeux sur aucun de ceux dont se composait la société.

Son père lui fit pourtant une question à laquelle elle fut obligée de répondre. — Où est mistress Debbitch ? lui demanda-t-il.

— Elle est sortie peu après le coucher du soleil, répondit Alice, pour aller voir quelques anciennes connaissances dans le voisinage, et n'est pas encore revenue.

Le major fit un geste qui indiquait du mécontentement, et il annonça que sa résolution était bien prise de ne pas garder plus long-temps à son service dame Debora. — Je ne veux chez moi, dit-il tout haut sans s'inquiéter de la présence de ses hôtes, que des gens qui savent se tenir dans les bornes honnêtes et décentes d'une famille chrétienne. Quiconque prétend à plus de liberté doit nous quitter, car il n'est pas des nôtres.

Un bruit sourd, un murmure emphatique, manière dont les puritains applaudissaient alors aux doctrines débitées dans la chaire par un prédicateur favori, comme aux discours tenus dans la société quand ils avaient le bonheur de leur plaire, prouvèrent l'approbation des auditeurs, et semblèrent assurer le renvoi de la malheureuse gouvernante, convaincue ainsi d'être sortie des bornes honnêtes et décentes d'une famille chrétienne. Peveril même, quoique, dans les premiers temps de sa liaison avec Alice, il eût profité du caractère mercenaire de la bavarde gouvernante, ne put entendre prononcer ce congé sans un sentiment de satisfaction intérieure : tant il désirait que, dans les momens difficiles dont il croyait l'Angleterre menacée, Alice pût être sous la protection et recevoir les avis d'une personne de son sexe avec des manières plus cultivées et une probité moins suspecte que mistress Debbitch !

A peine cet arrêt venait-il d'être rendu, qu'un domestique en deuil avança son visage maigre et ridé dans l'appartement, pour annoncer, d'une voix qui semblait être une invitation à des funérailles plutôt que l'annonce d'un banquet, que des rafraîchissemens étaient préparés dans une chambre voisine. Bridgenorth, marchant gravement entre sa fille et la vieille dame dont nous avons déjà parlé, se mit à la tête de ses hôtes, qui, sans faire grande attention à l'ordre ni à la cérémonie, le suivirent dans la salle à manger, où un repas substantiel les attendait.

Ce fut ainsi que Peveril, quoique, suivant les règles du cérémonial ordinaire, il eût droit à quelque préséance, droit auquel on attachait alors autant d'importance qu'on en attache peu aujourd'hui, se trouva du nombre des derniers qui sortirent du salon; il aurait même été tout-à-fait a l'arrière-garde, si un homme de la compagnie, qui était lui-même parmi les traîneurs, ne l'eût salué, en lui cédant le rang que les autres avaient pris sans façon.

Cet acte de civilité porta naturellement Julien à examiner les traits de celui qui lui faisait cette politesse, et il tressaillit en apercevant, entre un bonnet de velours bien serré et une fraise unie, la figure de son compagnon de la soirée précédente, de Ganlesse, comme il s'était appelé. Il fixa les yeux sur lui à plusieurs reprises, surtout quand tous les convives eurent pris place à table, et qu'il eut occasion de le regarder avec plus d'attention, sans paraître y mettre de l'affectation. D'abord il flotta dans le doute, et crut que sa mémoire le trompait, car la différence de costume était assez grande pour apporter un changement considérable dans sa physionomie; et ses traits, loin d'avoir rien de remarquable et de saillant, n'offraient qu'un de ces visages ordinaires qu'on voit presque sans y faire attention, et qui ne laissent aucune trace dans le souvenir dès qu'on ne les a plus sous les yeux. Cependant la première impression était la plus forte, et elle le détermina à examiner de plus près les manières de l'individu qui excitait son attention.

Un très-long *benedicite* précéda le repas, et fut prononcé par un homme de la compagnie que, d'après son rabat et son pourpoint de serge, Julien prit pour le président de quelque congrégation de non-conformistes. Il remarqua, pendant cet acte de dévotion, que l'inconnu qu'il épiait avait cet air de réserve et de gravité qu'affectaient ordinairement les puritains, et qui semblait une caricature du respect religieux qu'exige la prière. On n'apercevait que le blanc de ses yeux, et son grand chapeau rabattu, à larges bords et à forme haute, tenu devant lui dans ses deux mains, semblait, en s'élevant et en s'abaissant alternativement, battre la mesure et marquer chaque phrase du *benedicite*. Cependant, lorsque le petit bruit qui se fit entendre quand chacun s'arrangea sur sa chaise se fut calmé, les yeux de Julien rencontrèrent ceux de l'étranger, et il vit brillcr dans ceux de cet être mystérieux une expression satirique et un air de mépris qui semblaient annoncer qu'il tournait intérieurement en ridicule la gravité dont il affectait l'apparence.

Julien chercha à rencontrer une seconde fois ses regards pour s'assurer qu'il ne s'était pas mépris sur leur expression passagère ; mais l'inconnu ne lui en fournit pas l'occasion. Il aurait pu le reconnaître au son de sa voix, mais Ganlesse, si c'était lui, parla peu et toujours à voix basse, comme en général faisaient tous les convives, qui avaient l'air de gens assistant à un repas de funérailles.

La simplicité présidait à ce festin, quoique l'abondance y régnât ; et par conséquent, d'après l'opinion de Julien, les mets devaient avoir peu d'attraits pour un homme comme Ganlesse, qui s'était montré la veille si capable de goûter et de critiquer en gourmand de profession les ragoûts délicats que les soins de son compagnon Smith lui avaient fait préparer vingt-quatre heures auparavant. Aussi Julien remarqua-t-il qu'il laissa sur son assiette, sans y toucher, tout ce qu'on lui servit, et qu'il ne prit littéralement pour son souper qu'une croûte de pain et un verre de vin.

Le repas fut dépêché avec la hâte de gens qui regardent comme une honte, pour ne pas dire un péché, de faire d'une jouissance purement animale le moyen de perdre le temps ou de se livrer au plaisir ; et, pendant que chacun s'essuyait la bouche et les moustaches, Julien vit l'objet de sa curiosité se servir d'un mouchoir de la plus fine batiste, ce qui n'était guère d'accord avec son extérieur simple et presque grossier. Il remarqua aussi en lui, pendant son repas, des manières qui n'étaient en usage qu'aux tables de la plus haute société; et dans tous ses gestes il crut distinguer un air de courtisan sous la simplicité rustique dont il cherchait à se couvrir.

Mais s'il était vrai que ce fût le même Ganlesse qu'il avait rencontré la veille, et qui s'était vanté de la facilité avec laquelle il pouvait jouer tel rôle qu'il lui plaisait, quel pouvait être le motif de son déguisement actuel? Il était, s'il devait ajouter foi à ses propres paroles, un personnage de quelque importance qui osait braver les dangers que faisaient courir ces espions et ces délateurs devant lesquels tout tremblait à cette époque; et il n'était pas vraisemblable, comme le pensait Julien, que sans une raison très-puissante il se fût assujetti à une mascarade qui ne pouvait être que très-pénible à un homme qui paraissait être aussi léger dans sa vie que dans ses opinions. Était-ce dans de bons ou dans de mauvais motifs qu'il se trouvait en telle compagnie? L'arrivée de cet être singulier avait-elle rapport à son père, à lui-même ou à la famille de Bridgenorth? Le maître de la maison, inflexible comme il l'était sur tout ce qui touchait la morale et la religion, savait-il quel était véritablement ce Ganlesse? S'il ne le savait pas, les intrigues d'un cerveau si subtil ne pouvaient-elles pas affecter la paix et le bonheur d'Alice?

Telles étaient les questions que se faisait Peveril, et toutes ses réflexions ne le mettaient pas en état d'y répondre. Ses yeux se tournaient alternativement sur Alice et sur l'étranger; et de nouvelles craintes, des soupçons confus, qui avaient pour objet la sûreté de cette fille si aimable et si aimée, se mêlaient aux inquiétudes dont son esprit était déjà agité relativement à la destinée de son père et à celle de sa maison.

Il était assailli par ce conflit d'idées, quand après des actions de graces qui durèrent autant de temps qu'en avait pris le *benedicite*, la compagnie se leva de table, et fut avertie que la prière de famille allait commencer. Des domestiques aussi graves, aussi sombres, aussi tristes que leurs maîtres, entrèrent pour assister à ce nouvel acte de dévotion, et se rangèrent à l'extrémité inférieure de la salle. La plupart étaient armés du sabre droit que portaient les soldats de Cromwell; quelques-uns avaient des pistolets, et plusieurs portaient des cuirasses qu'on entendit retentir lorsqu'ils s'agenouillèrent pour la prière. L'homme que Julien avait regardé comme un prédicateur ne joua pas le principal rôle en cette occasion. Le major Bridgenorth lut un chapitre de la Bible, en l'accompagnant de commentaires énergiques sans doute, mais qu'on aurait eu de la peine à défendre du reproche de fanatisme. Il avait choisi le dix-neuvième chapitre de Jérémie, dans lequel, sous l'emblème d'un vase de terre brisé, le prophète prédit la désolation des Juifs. L'orateur n'était pas naturellement éloquent, mais une profonde et sincère conviction de la vérité de ce qu'il disait lui prêta un langage plein de feu lorsqu'il fit un parallèle entre l'abomination du culte de Baal et la corruption de l'église romaine, sujet si cher à tous les puritains de ce siècle, et lorsqu'il dénonça contre les catholiques et ceux qui les favorisaient la désolation prédite à Jérusalem par le prophète. Il ne fit aucune application particulière de ce passage, mais ses auditeurs y suppléèrent en jetant sur Julien des regards pleins d'orgueil qui semblaient lui dire que ces malédictions effrayantes s'étaient déjà appesanties en partie sur sa maison.

Après cette lecture et les commentaires, Bridgenorth invita la compagnie à s'unir à lui en prière ; et un léger changement qui se fit dans les places, tandis que chacun s'agenouillait, mit Peveril à côté de l'objet de son affection, prosternée pour adorer humblement son Créateur. On accorda un court intervalle à la prière mentale, et pendant ce temps il put l'entendre supplier le ciel à demi-voix d'accorder à la terre les bienfaits de la paix, et d'inspirer aux enfans des hommes un esprit d'union et de concorde.

La prière qui suivit fut dans un style tout différent. Elle fut faite par le même individu qui avait rempli à table les fonctions de chapelain, et qui parla du ton d'un *Boanerges*, ou d'un fils du tonnerre, d'un dénonciateur de crimes, d'un homme invoquant la vengeance du ciel, presque d'un prophète de destruction et de malheurs. Il n'eut garde d'oublier les événemens et les crimes du jour ; il appuya sur le meurtre mystérieux de sir Edmondbury Godfrey, et offrit au ciel un tribut d'action de graces de ce que la nuit témoin de leur assemblée n'avait pas vu un autre sacrifice d'un magistrat protestant, offert à la vengeance des catholiques altérés de sang.

Jamais Julien n'avait trouvé si difficile, pendant un acte de dévotion, de maintenir son esprit dans l'état d'humilité convenable à la prière ; et quand il entendit le prédicateur rendre grace au ciel de l'abaissement et de la chute de sa famille, il fut violemment tenté de se lever, pour l'accuser d'offrir devant le trône de la vérité même un tribut souillé par le mensonge et la calomnie. Il résista pourtant à une impulsion à laquelle c'eût été folie de se livrer, et sa patience ne resta pas sans récompense ; car lorsque sa belle voisine se leva après la longue prière, il remarqua qu'elle avait les yeux remplis de larmes ; et un regard qu'elle jeta sur lui en ce moment prouvait qu'elle prenait à lui, dans sa situation précaire, et malgré sa mauvaise fortune, plus d'intérêt et d'affection qu'elle ne lui en avait montré lorsque sa position dans le monde semblait s'élever bien au-dessus de celle du major.

Fortifié par la conviction qu'il existait dans la compagnie un cœur qui prenait compassion de ses infortunes, heureux de penser que ce cœur était celui dont l'intérêt lui était surtout précieux, il se sentit le courage de tout supporter, et il soutint sans se laisser abattre le regard de mépris hautain que lui lancèrent tous les membres de la congrégation en passant devant lui pour se rendre dans la chambre destinée à chacun d'eux, comme s'ils se fussent fait un plaisir d'accabler de leur air triomphant un homme qu'ils regardaient comme un ennemi captif.

Alice passa aussi devant son amant, les yeux baissés, et lui rendit son salut sans les lever sur lui. Il ne restait alors que Bridgenorth et son hôte ou son prisonnier ; car il serait difficile de dire sous lequel de ces deux rapports Julien devait se considérer. Le major prit sur une table une vieille lampe de bronze, et dit à Peveril en passant devant lui : — Il faut que je sois le chambellan peu courtois chargé de vous conduire dans un lieu de repos où vous ne trouverez probablement pas les recherches du luxe auxquelles vous avez été accoutumé.

Julien le suivit en silence, et, se rendant dans une tourelle, ils montèrent un escalier en limaçon. Sur le plus haut palier était un petit appartement, dont une couchette à bas piliers, deux chaises, et une petite table de pierre, composaient tout l'ameublement.

— Votre lit, continua Bridgenorth comme s'il eût désiré prolonger l'entretien, n'est pas des plus doux, mais l'innocence dort aussi bien sur la paille que sur le duvet.

— Le chagrin, major, répondit Julien, ne dort pas mieux sur l'un que sur l'autre. Dites-moi, car vous semblez attendre de moi quelque question, quel doit être le sort de mes parens, et pourquoi vous m'avez séparé d'eux.

Bridgenorth, pour toute réponse, lui montra du doigt la marque occasionée par l'explosion du coup de pistolet que lui avait tiré Julien, et que son front portait encore.

— Non, répliqua Peveril, ce n'est point là la véritable cause de votre conduite à mon égard. Il est impossible que vous, qui avez été militaire, qui êtes homme, vous soyez surpris de ce que j'ai fait pour défendre mon père. Vous ne pouvez croire surtout, et je dirai même que vous ne croyez pas que j'eusse levé la main contre vous si j'avais eu un seul instant pour vous reconnaître.

— Je puis vous accorder tout cela ; mais à quoi vous serviront ma bonne opinion et la facilité avec laquelle je vous pardonne d'avoir attenté à ma vie ? Je suis chargé de votre garde, comme magistrat, et vous êtes accusé d'être complice du complot infame, sanguinaire, impie, tramé pour le rétablissement du papisme, le meurtre du roi, et le massacre général de tous les bons protestans.

—Et quels motifs peut-on avoir pour oser m'accuser, me soupçonner même d'un pareil crime ? A peine ai-je entendu parler de ce complot; je ne le connais que par les bruits vagues qui courent; et, quoique chacun en parle, on ne rencontre personne qui puisse dire rien de précis à ce sujet.

— Il me suffira de vous dire, et c'est peut-être déjà vous en dire trop, que vos intrigues sont dévoilées. Vous êtes un espion espionné; vous êtes porteur de messages entre la comtesse papiste de Derby et le parti catholique à Londres. Vous n'avez pas conduit vos affaires avec assez de discrétion pour les rendre impénétrables. On a acquis des preuves suffisantes. A cette accusation, dont vous ne pouvez contester la vérité, Dangerfield et Everett sont disposés, d'après le souvenir qu'ils ont de vos traits, à en ajouter d'autres qui vous coûteront certainement la vie lorsque vous serez traduit devant un jury protestant.

— Ils mentent comme des scélérats, s'écria Julien, ceux qui m'accusent d'avoir pris part à aucun complot contre le roi, la nation ou la religion. Et quant à la comtesse, elle a donné trop de preuves de loyauté pour qu'elle puisse être atteinte par des soupçons si injurieux.

— Ce qu'elle a déjà fait contre les fidèles champions de la pure religion, répliqua Bridgenorth, dont les traits prenaient une expression plus sombre en parlant ainsi, a suffisamment prouvé ce dont elle est capable.

Elle s'est réfugiée sur son rocher; elle s'y croit en sûreté, comme l'aigle dans son aire après son festin sanglant; mais la flèche du chasseur peut encore l'atteindre; l'arc est bandé, le trait est prêt, et l'on verra bientôt lequel triomphera d'Amalec ou d'Israël. Quant à toi, Julien Peveril, pourquoi te le cacherais-je? mon cœur te chérit comme une mère chérit son premier-né : je te donnerai donc, aux dépens de ma réputation personnelle, au risque de me rendre suspect moi-même, car qui peut se flatter d'être à l'abri du soupçon dans ce temps de troubles? je te donnerai, dis-je, des moyens de t'évader, ce qui te serait impossible sans mon secours. L'escalier de cette tourelle conduit au jardin, la porte de derrière n'en est pas fermée; à main droite est l'écurie; vous y trouverez votre cheval : prenez-le, et rendez-vous à Liverpool. Je vous remettrai une lettre pour un de mes amis; je vous recommanderai à lui sous le nom de Simon Simonson, comme un homme persécuté par les prélats, et il facilitera votre sortie du royaume.

— Je ne veux pas vous tromper, major, répondit Julien. Si j'acceptais la liberté que vous m'offrez, j'en ferais un usage plus important que de songer à ma propre sûreté. Mon père est en danger, ma mère est dans l'affliction; la voix de la nature et celle de la religion m'appellent à leurs côtés. Je suis leur fils unique, leur seule espérance; je veux les secourir ou périr avec eux.

— Ce serait un acte de folie, dit Bridgenorth; tu ne peux les sauver, mais tu peux périr avec eux, et même accélérer leur perte, car les accusations dont ton malheureux père est déjà chargé ne seront pas peu aggravées quand on saura que, tandis qu'il nourrissait le projet d'appeler aux armes les catholiques et les partisans de l'épiscopat des comtés de Chester et de Derby, son fils était l'agent confidentiel de la comtesse de Derby, l'avait aidée à maintenir sa forteresse contre les commissaires protestans, et avait été envoyé par elle à Londres pour lui ouvrir des communications secrètes avec le parti des papistes.

— Voilà la seconde fois que vous me reprochez d'être l'agent de la comtesse, dit Peveril qui ne voulait pas que son silence pût être interprété comme un aveu, quoiqu'il sentît fort bien que l'accusation n'était pas tout-à-fait sans fondement ; quelle preuve avez-vous de ce fait ?

— Pour vous prouver que je suis parfaitement au fait de tout ce mystère, répondit Bridgenorth, suffira-t-il que je vous répète les derniers mots que vous adressa la comtesse lors de votre départ du château de cette femme amalécite ? — Je suis une malheureuse veuve, vous dit-elle, et le chagrin m'a rendue égoïste.

Peveril tressaillit, car ces mots étaient précisément ceux que la comtesse avait prononcés ; mais il se remit à l'instant.—De quelque nature que soient les rapports qui vous ont été faits, répondit-il, je nie qu'il puisse en résulter aucune inculpation contre moi, et je défie surtout qu'on la prouve. Il n'existe pas un homme plus éloigné d'une pensée déloyale, plus étranger à tout projet de trahison. Et ce que je dis pour moi, je le dirai et le soutiendrai, en tant que je puis le savoir, pour la noble comtesse à qui je dois mon éducation.

— Péris donc dans ton obstination ! s'écria Bridgenorth ; et, se détournant à la hâte, il sortit de la chambre, et Julien l'entendit descendre l'étroit escalier avec précipitation, comme s'il se fût défié de sa résolution.

Le cœur rempli d'inquiétude, mais avec cette confiance en une Providence toute-puissante qui n'abandonne jamais l'homme vertueux, Peveril se jeta sur l'humble couche qui lui avait été destinée.

CHAPITRE XXV.

―――

« Du vent qui passe au nord en quittant le midi,
» Du ruisseau qui circule à travers la prairie,
» Le cours est plus constant que celui de la vie
» Frêle jouet du sort, l'homme, en un même jour,
» Peut se voir encenser et flétrir tour à tour.
» Tel le feuillage épars qu'a secoué l'automne
» Suit chaque impulsion que le zéphir lui donne,
» Et, recevant la loi de son souffle orgueilleux,
» Tantôt rase le sol, tantôt s'élève aux cieux »

Anonyme.

Tandis qu'épuisé de fatigues et accablé d'inquiétude Julien Peveril cherchait à s'endormir dans la maison de son ennemi héréditaire, la fortune préparait sa délivrance par un de ces caprices qui confondent l'attente et les calculs de l'esprit humain ; et, comme elle se sert souvent d'agens fort étranges pour accomplir ses desseins, elle employa en cette occasion un personnage non moins important que mistress Debora Debbitch.

Excitée sans doute par quelques souvenirs des anciens temps, cette dame prudente et considérée ne se vit pas plus tôt dans le voisinage des lieux où elle avait passé sa jeunesse, qu'elle pensa à faire une visite à la vieille femme de charge du château de Martindale, dame Ellesmere, qui, retirée depuis long-temps du service actif, occupait la maison du garde forestier, située à l'ouest du château, et y demeurait avec son neveu Lance-Outram, vivant du produit des économies qu'elle avait faites pendant ses jeunes années, et d'une petite pension que lui avait accordée sir Geoffrey en considération de ses longs et fidèles services.

Il s'en fallait pourtant de beaucoup que dame Ellesmere et mistress Debora eussent jamais été amies aussi intimes qu'on pourrait le conclure d'après une si prompte visite. Mais les années avaient appris à Debora à oublier et à pardonner; ou peut-être n'était-elle pas fâchée, sous prétexte d'aller voir dame Ellesmere, d'éprouver quels changemens le temps pouvait avoir produits sur son ancien admirateur le garde forestier. Tous deux étaient dans leur maison quand Debora, après avoir vu son maître partir pour son expédition au château, et vêtue de sa plus belle robe, traversa prairies, monts et vallées, frappa à leur porte, et en souleva le loquet, à l'invitation hospitalière qui lui fut faite d'y entrer.

La vue de mistress Ellesmere était si affaiblie, que, même à l'aide de ses lunettes, elle ne put reconnaître dans une femme mûre et d'un embonpoint remarquable la jeune fille leste et fringante qui, fière de sa bonne mine, et comptant sur une langue bien pendue, l'avait si souvent irritée par son insubordination. De même son ancien amant, le redoutable Lance, ne se doutant pas que l'ale avait donné de la rotondité à sa propre taille, jadis si leste et si dégagée, et que l'eau-de-vie avait fait passer sur son nez les couleurs vermeilles qui siégeaient autrefois sur ses joues, fut incapable de découvrir que le bonnet français de taffetas et de dentelles de Bruxelles que portait Debora, ombrageait des traits pour l'amour desquels il avait essuyé plus d'une réprimande du docteur Dummerar, quand il permettait à ses yeux, pendant les prières, de se tourner trop souvent vers le banc occupé par les servantes.

En un mot, la dame fut obligée de se nommer pour se faire reconnaître, et, une fois reconnue, elle fut accueillie par la tante et le neveu avec la plus sincère cordialité.

On lui offrit l'ale brassée à la maison, et l'on y ajouta quelques tranches de venaison sautées dans la poêle, qu'on prépara sur-le-champ ; d'où il est permis de présumer que lorsque Lance-Outram, en sa qualité de garde-forestier, fournissait le garde-manger du château, il n'oubliait pas de pendre quelque chose à son propre croc. Un verre d'excellente ale et un morceau de venaison bien assaisonné eurent bientôt mis Debora parfaitement à l'aise avec ses anciennes connaissances.

Quand elle eut fait maintes questions sur l'état du voisinage et sur la santé de ses anciens amis, la conversation commença à languir ; mais Debora eut l'art d'y donner un nouvel intérêt en communiquant à ses hôtes que son maître actuel, le major Bridgenorth, avait été requis, par de grands personnages arrivés de Londres, de se transporter à Martindale pour les aider à arrêter son ancien maître, sir Geoffrey. — Tous les domestiques du major, dit-elle, et plusieurs autres individus qu'elle nomma, tous attachés au parti des puritains, avaient assemblé une force formidable pour surprendre le château ; or, comme sir Geoffrey était maintenant vieux et goutteux, on ne pouvait s'attendre qu'il se défendît comme il l'aurait fait autrefois. Cependant il avait tant de courage, comme on le savait, qu'on ne pouvait pas supposer qu'il se rendît sans coup férir, et que, s'il était tué, comme cela était vraisemblable, puisqu'il avait affaire à des gens qui ne chercheraient pas à le ménager, elle ne pourrait guère regarder lady Peveril que comme une femme morte, d'où résulterait nécessairement un deuil général dans tout le pays, puisqu'ils y avaient tant de parens et d'alliés, ce qui ferait renchérir le prix des soieries, et par conséquent enfler la bourse de M. Lutestring, marchand mercier à Chesterfield. Quant à elle, n'importe comment les choses tourneraient, si jamais M. Julien devenait maître du château de Martindale, elle pourrait dire tout aussi bien qu'un autre qui en serait vraisemblablement la maîtresse.

Le texte de ce discours, ou, en d'autres termes, le fait que Bridgenorth était parti à la tête d'une troupe de gens armés pour attaquer sir Geoffrey dans son château parut si étrange à ces anciens serviteurs de la famille du chevalier, que ni l'un ni l'autre ne furent capables de faire attention à toutes les conséquences que Debora en tirait, ni de l'interrompre dans le débit rapide de son discours. Enfin, quand elle fit une pause pour respirer, tout ce que la pauvre dame Ellesmere put faire, fut de s'écrier avec emphase : — Bridgenorth aller braver Peveril du Pic! Cette femme est-elle donc folle?

— Allons, allons, dame Ellesmere, dit Debora, ne m'appelez pas femme, je vous prie. Je n'ai pas tenu le haut bout de la table du major, et reçu le titre de mistress pendant tant d'années, pour que vous veniez m'appeler femme. Et quant à ma nouvelle, elle est aussi vraie qu'il est sûr que je vous vois assise ici avec une coiffe blanche sur la tête; et vous la changerez pour une noire avant qu'il soit long-temps.

— Lance-Outram, dit Ellesmere, si tu es un homme, sors à l'instant, et informe-toi de ce qui se passe au château.

— S'il s'y passe quelque chose, s'écria Lance-Outram, je ne suis resté ici que trop long-temps. Et, saisissant à la hâte son arbalète et quelques flèches, il se précipita hors de la maison.

— Eh bien! eh bien! dit mistress Debora, voyez si ma nouvelle n'a pas fait partir Lance-Outram tout effrayé, lui que rien, disait-on, ne pouvait épouvanter. Mais calmez vos alarmes, dame Ellesmere. Si le château et les terres passent entre les mains du major Bridgenorth, comme cela est assez probable, car j'ai entendu dire qu'il lui est dû une grosse somme sur le domaine, je vous promets que je lui parlerai en votre faveur, et je vous garantis que ce n'est pas un méchant homme, quoiqu'il aime un peu trop à prêcher et à prier, et à se mêler des vêtemens des gens de sa maison, ce qui ne convient pas à un homme comme il faut, je l'avoue, car toute femme sait fort bien ce qui lui sied. Mais, quant à vous, qui portez à votre ceinture un livre de prières et un trousseau de clefs, et qui ne changez jamais rien à la forme de votre coiffe blanche, je vous réponds qu'il ne vous refusera jamais le peu dont vous avez besoin, et que vous n'êtes plus en état de gagner.

— Sors d'ici, vile effrontée, s'écria dame Ellesmere, dont tous les membres tremblaient de crainte et de colère; ne prononce plus un seul mot, ou je trouverai des gens qui, à coups de fouet, te feront déguerpir. N'as-tu pas mangé le pain de notre noble maître? N'est-ce pas assez d'avoir trahi sa confiance et abandonné son service? Faut-il encore que tu viennes ici, comme un oiseau de mauvais augure que tu es, nous prédire son malheur et en triompher!

— Quant à cela, dame Ellesmere, répondit Debora, à qui la violence de la vieille femme en imposait, ce n'est pas moi qui parle ainsi; c'est le mandat du parlement.

— Je croyais que nous étions débarrassés de ces mandats depuis le bienheureux 29 mai, dit la vieille femme de charge du château de Martindale; mais je te dis que j'ai vu de pareils mandats faire tourner la pointe de l'épée dans le gosier de ceux qui s'en étaient chargés; et je te dis que c'est ce qui arrivera aujourd'hui s'il reste au château un homme qui en mérite le nom.

Comme elle finissait de parler, Lance-Outram rentra dans la maison. — Ma tante, dit-il avec un air de consternation, je crains que ce qu'elle dit ne soit que trop vrai. La tour est aussi noire que mon ceinturon. On ne voit pas briller l'étoile polaire de Peveril. Qu'est-ce que cela signifie?

— Mort, ruine, captivité, s'écria dame Ellesmere. Pars donc pour le château, vaurien; bats-toi pour la maison qui t'a nourri et élevé, et si tu meurs enseveli sous ses ruines, tu mourras en homme.

— Oui, oui, ma tante, répondit Lance-Outram ; on me verra au château, et je ne frapperai pas de main morte. Mais voici des personnes qui nous en diront davantage, j'en réponds.

Deux servantes, qui avaient fui pendant l'alarme, entraient en ce moment dans la maison. Chacune faisait une version différente des événemens ; mais toutes deux annonçaient qu'un corps d'hommes armés était en possession du château, et que le major Bridgenorth avait emmené le jeune M. Julien prisonnier à Moultrassie-Hall, lié et garotté sur un cheval, ce qui était un spectacle affreux à voir; — un si beau jeune homme! un jeune homme si bien né!

Lance-Outram se gratta l'oreille, et, quoiqu'il sentît le devoir qui lui était imposé comme fidèle serviteur, devoir que les cris et les exclamations de sa tante ne lui auraient pas aisément permis d'oublier, il semblait hésiter sur ce qu'il avait à faire. — Plût à Dieu, dit-il enfin, que le vieux Whitaker vécût encore, avec ses longues histoires de Marston-Moor et d'Edgehill, qui nous faisaient tant bâiller en dépit des tranches de lard et de la bonne bière dont il les assaisonnait. On le regrette quand on sent le besoin d'un homme, comme on dit, et je donnerais une bonne pièce d'or pour qu'il fût ici pour arranger cette affaire, car elle n'entre pas dans mes attributions ; je ne suis qu'un garde forestier, moi, et je n'entends rien à la guerre. Mais du diable pourtant s'ils emmènent le vieux sir Geoffrey sans qu'il y ait un coup d'arbalète de tiré. Écoute-moi, Nell, dit-il à une des servantes fugitives. Non, non ; tu n'as pas plus de cœur qu'une poule, et tu as peur de ton ombre au clair de la lune. Mais toi, Cis (1), tu es une gaillarde résolue, et tu sais distinguer un daim d'un bouvreuil, aussi sûr que tu désires trouver un mari. Écoute-moi donc, Cis; retourne au château, et rentres-y, tu sais bien par où : tu es sortie plus d'une fois par la poterne pour aller danser, comme je le sais fort bien. Vois milady, ils ne peuvent pas t'en empêcher; or milady a une tête qui en vaut vingt des nôtres. S'il faut que j'amène du secours, allume le feu sur la tour, et n'épargne pas le goudron, cela me servira de signal. Tu peux le faire bien aisément; je réponds que les Têtes-Rondes ne sont occupées qu'à boire et à piller.... Un moment donc ! dis à milady que je suis allé trouver les mineurs à Bonaventure. Hier encore les drôles faisaient les mutins pour leur paye; ils n'en seront que mieux disposés pour un coup de main, n'importe contre qui. Qu'elle m'envoie ses ordres, ou plutôt apporte-les-moi toi-même, tu as les jambes assez longues.

—Qu'elles soient longues ou non, M. Lance-Outram, répondit la servante, elles feront votre commission pour l'amour du vieux chevalier et de milady.

Et sur-le-champ Cisly-Sellok, espèce de Camille du comté de Derby, qui avait gagné le prix de la course à pied à Ahsbourne, se mit à courir vers le château avec une telle vitesse, que peu d'hommes eussent pu la suivre.

— Voilà une brave fille, dit Lance-Outram. Et maintenant, ma tante, donnez-moi mon grand sabre, il est sur le ciel du lit; bien..... et mon couteau de chasse..... fort bien : ne vous inquiétez de rien.

(1) Cicely, Cécile. — ÉD

— Et moi, demanda mistress Debora, que vais-je devenir?

— Vous, mistress Debora? vous resterez avec ma tante, et par égard pour notre ancienne connaissance elle veillera à ce qu'il ne vous arrive rien de fâcheux. Mais ne vous avisez pas de chercher à vous échapper.

A ces mots, et tout en réfléchissant sur la tâche qu'il avait entreprise, le brave garde partit, éclairé par la lune, entendant à peine les bénédictions et les avis de prudence que dame Ellesmere lui prodiguait. Ses pensées n'étaient pas exclusivement belliqueuses. — Quelle jambe fine a cette gaillarde! se disait-il en lui-même; elle détale aussi vite que biche sur la rosée pendant l'été..... Eh bien, voilà les cabanes, mettons-nous en besogne. Holà! hé! dormez-vous? Allons donc, blaireaux que vous êtes, ne voulez-vous pas sortir de vos terriers? Vous ne savez donc pas que votre maître sir Geoffrey est mort, ou vous ne vous en souciez guère. Ne voyez-vous pas que le feu ne brûle pas sur la tour? comment pouvez-vous rester là à vous regarder comme des ânes!

— Mort! dit un des mineurs, qui commençaient alors à sortir de leurs chaumières,

> Eh bien! c'est un signe certain
> Qu'il ne mangera plus de pain.

— Et vous n'en mangerez pas davantage, dit Lance-Outram; car les travaux vont être arrêtés, et vous serez tous renvoyés.

— Et qu'en arrivera-t-il, M. Lance-Outram? Autant vaut rester les bras croisés que de travailler pour rien. Depuis quatre semaines, nous ne savons pas quelle est la couleur de l'argent de sir Geoffrey, et vous voulez que nous nous embarrassions s'il est mort ou vivant! Pour vous, qui trottez à cheval où bon vous semble, et qui n'avez d'autre ouvrage que ce que tant de gens font pour leur plaisir, à la bonne heure. Mais c'est tout autre chose quand il s'agit de renoncer à la lumière du ciel, et de passer toutes les journées à creuser la terre dans des souterrains obscurs, comme des taupes dans leurs trous; cela ne doit pas se faire pour rien. Si sir Geoffrey est mort, j'ose dire que son ame en pâtira; et, s'il est vivant, nous le citerons devant la cour de Barmoot (1).

— Écoute-moi, Gaffer, répondit Lance-Outram, et vous tous aussi, mes camarades; car un grand nombre de mineurs étaient alors assemblés et écoutaient la discussion. — Croyez-vous que cette mine à laquelle vous travaillez ait jamais fait entrer un sou dans la poche de sir Geoffrey?

— Non; je ne puis dire que je le croie, répondit le vieux Ditchley, qui avait porté la parole jusqu'alors.

— Interrogez votre conscience, et dites, ne savez-vous pas qu'il y a enterré plus d'un penny?

— Je crois bien que cela se peut. Mais qu'importe? perdre aujourd'hui, et gagner demain. Il n'en faut pas moins que le mineur mange.

— C'est la vérité; mais que mangerez-vous quand le vieux Bridgenorth sera le maître de ce domaine, et

(1) Ou Bergmote : dérivés de deux mots saxons signifiant montagne et assemblée. On appelle dans le Derbyshire cour de Barmoot une espèce de cour spéciale tenue sur une montagne, et où l'on décide les disputes entre mineurs. — Éd.

qu'il ne fera pas fouiller une seule mine sur son terrain ? Croyez-vous qu'il soit d'humeur à vous payer sans rien gagner ?

— Bridgenorth ! quoi ! Bridgenorth de Moultrassie-Hall ? celui qui a arrêté les travaux de la mine de Félicité, où son père avait dépensé, dit-on, plus de dix mille livres sans avoir jamais retiré un penny ? Et qu'a-t-il de commun avec la mine de Bonaventure ? Elle ne lui a jamais appartenu, je m'en flatte.

— Que sais-je ? répondit Lance-Outram, qui voyait qu'il avait fait impression. On dit qu'il est créancier, et que la loi lui donnera la moitié du comté de Derby, si vous ne soutenez le vieux sir Geoffrey.

— Et comment le soutenir, s'il est mort ?

— Je ne vous ai pas dit qu'il fût mort, mais il n'en vaut guère mieux, puisqu'il est entre les mains des Têtes-Rondes, qui le tiennent prisonnier dans son château, et qui lui feront couper la tête, comme on l'a fait au bon comte de Derby à Bolton-le-Moor.

— Eh bien, camarades, dit Gaffer Ditchley, si les choses sont telles que nous le dit Lance-Outram, je crois que nous devons donner un coup de collier pour le brave vieux sir Geoffrey contre un avaricieux coquin comme ce Bridgenorth, qui a fait fermer une mine superbe, uniquement parce qu'il n'y trouvait pas de profit. Ainsi donc *houzza* pour sir Geoffrey ! au diable le Croupion ! Mais attendez un moment ! attendez ! — Et d'un signe de la main il arrêta les acclamations qui commençaient à s'elever.—Écoutez-moi, M. Lance-Outram ; il faut qu'il soit trop tard. La tour est noire comme l'in-

(1. Cri de *vival.* — L.D

térieur d'une mine, et vous savez que cela annonce la mort du seigneur.

— Vous allez voir la flamme briller dans un moment, dit Lance-Outram, ajoutant en lui-même : — Fasse le ciel que cela soit! Vous allez la voir briller. C'est le manque de bois qui en est cause, c'est la confusion qui règne au château.

— Cela se peut bien, c'est assez probable, répliqua Ditchley; mais je ne bouge pas avant de voir le signal.

— Eh bien, le vois-tu maintenant? s'écria Lance-Outram. — Je te remercie, Cisly, je te remercie, ma brave fille. — Croyez-en vos yeux, mes amis, si vous ne voulez pas m'en croire. Et maintenant *houzza* pour Peveril du Pic! malédiction au Croupion et aux Têtes-Rondes!

La flamme qui partit tout à coup du haut de la tour produisit tout l'effet que Lance-Outram pouvait désirer sur l'esprit de ses auditeurs grossiers et ignorans, dont la superstition rattachait à l'étoile polaire de Peveril l'éclat et la prospérité de cette maison. Une fois excité, leur enthousiasme ne connut plus de bornes, ce qui est un caractère particulier de leur pays; et Lance se trouva à la tête d'une trentaine de gaillards robustes, armés de pioches et de haches, et disposés à exécuter tout ce qu'il leur ordonnerait.

Espérant pouvoir s'introduire dans le château par la poterne, qui, dans plus d'une occasion, lui avait servi ainsi qu'aux autres domestiques, sa seule inquiétude était de maintenir le silence dans sa troupe; et il recommanda à ceux qui le suivaient de garder leurs acclamations pour le moment de l'attaque. Ils étaient encore à quelque distance du château, quand ils rencontrèrent Cisly Sellok; et la pauvre fille, ayant toujours couru, était si hors d'haleine, qu'elle fut obligée de se jeter dans les bras de Lance-Outram.

— Halte-là, ma brave fille! lui dit-il en lui donnant un baiser: apprenez-nous ce qui se passe au château.

— Milady vous prie, pour l'amour de Dieu et de votre maître, de ne pas venir au château : cela ne servirait qu'à faire répandre du sang inutilement; car elle dit que sir Geoffrey est légalement arrêté, et qu'il faut qu'il se soumette; il est innocent de ce dont on l'accuse; il va s'expliquer devant le roi et son conseil, et milady l'accompagnera. D'ailleurs, ces coquins de Têtes-Rondes ont découvert la poterne, car il y en a deux qui m'ont vue comme j'en sortais, et qui m'ont donné la chasse; mais je leur ai montré une bonne paire de talons.

— Jamais meilleure coureuse n'a fait tomber la rosée des marguerites, dit Lance-Outram. Mais que diable faire? s'ils sont maîtres de la poterne, je ne sais comment nous pourrons entrer au château.

— Tout y est fermé à clefs et à verrous, continua Cisly; tout y est gardé au fusil et au pistolet; et l'on y fait si bonne garde, que j'ai manqué d'être arrêtée, comme je viens de vous le dire, en sortant pour vous apporter le message de ma maîtresssse; mais milady a ajouté que si vous pouvez délivrer son fils des mains de Bridgenorth, vous lui rendrez un grand service.

— Quoi! s'écria Lance, notre jeune maître est-il au château? c'est moi qui lui ai appris à tirer sa première flèche. Mais comment y entrer?

— Il est arrivé au château au milieu du tumulte, répondit Cisly, et le vieux Bridgenorth l'a emmené prisonnier à Moultrassie-Hall. Que peut-on attendre d'un vieux puritain dans la maison duquel il n'est entré ni flûte ni violon depuis qu'elle est bâtie?

— Et qui a arrêté les travaux d'une mine qui promettait merveilles, ajouta le vieux Ditchley, pour épargner quelques milliers de livres, quand il aurait pu s'enrichir comme le lord de Chatsword, et en attendant nourrir une centaine de braves gens.

— Eh bien donc, dit Lance-Outram, puisque vous êtes tous du même avis, nous irons relancer le vieux blaireau dans son terrier. Je vous garantis que Moultrassie-Hall ne ressemble pas aux châteaux des gens de qualité, où les murs de pierres sont aussi épais qu'une digue. Vous n'y trouverez que de mauvaises murailles de briques où vos pioches entreront aussi facilement que dans du fromage. *Houzza*, encore une fois, pour Peveril du Pic! au diable Bridgenorth et tous les parvenus, tous les coquins de Têtes-Rondes!

Ayant permis à sa bande de pousser une acclamation bruyante, Lance-Outram leur imposa silence de nouveau, et les conduisit vers Moultrassie-Hall, en choisissant les sentiers par où ils pouvaient le moins être aperçus. Chemin faisant, ils furent joints par plusieurs vigoureux fermiers attachés soit à la famille Peveril, soit au parti des Cavaliers et des Episcopaux, et qui, alarmés de la nouvelle qui commençait déjà à se répandre dans les environs, avaient pris les armes, et s'étaient munis de sabres et de pistolets.

Lance-Outram fit arrêter sa troupe à la distance, comme il le dit lui-même, d'un trait d'arbalète, et s'avança seul et sans bruit vers la maison pour faire une reconnaissance, ayant ordonné préalablement à Ditchley et aux troupes souterraines, ses alliées, de venir à son secours dès qu'il sifflerait. Il vit bientôt que ceux qu'il espérait surprendre restaient fidèles à la discipline qui avait valu à leur parti une supériorité si décidée pendant la guerre civile; une sentinelle se promenait dans la cour en chantant pieusement un air de psaume, tandis que ses bras, croisés sur sa poitrine, soutenaient un fusil d'une longueur formidable.

— Un vrai soldat, pensa Lance-Outram, mettrait fin à ta chanson d'hypocrite en t'envoyant une bonne flèche dans le cœur, ce qui ne donnerait pas grande alarme; mais du diable si j'ai l'humeur d'un vrai soldat; je ne puis me battre sans être en colère; et, pour tirer une flèche à un homme de derrière une muraille, ce serait agir comme avec un daim; il faut donc lui montrer mon visage et voir ce que j'en pourrai faire.

Ayant pris cette brave résolution, et ne cherchant plus à se cacher, il entra hardiment dans la cour, et il feignait de s'avancer vers la porte de la maison, quand le vieux soldat de Cromwell, qui ne s'endormait pas à son poste, lui cria : — Qui va là? Halte là! Arrête, ou je te couche bas d'un coup de fusil. Cette question, cet ordre, cet avertissement, se suivirent de très-près, et le factionnaire termina son discours en couchant en joue l'inconnu qui arrivait, et en lui présentant le bout de son long fusil.

— Comment diable, dit Lance-Outram, êtes-vous dans l'usage d'aller à la chasse à une pareille heure de la nuit? Sur mon ame, vous ne trouverez à tirer que sur des chauve-souris.

— Écoute-moi, l'ami, répondit la sentinelle, je ne suis pas du nombre de ceux qui font leur devoir avec négligence, et tes belles paroles ne pourront m'enjôler, comme tu parais en avoir envie. Quel est ton nom? Quelle affaire t'amène ici? Réponds, ou je fais feu.

— Mon nom! répondit Lance-Outram; et comment diable veux-tu que je me nomme si ce n'est Robin Round, Robin de Redham, un honnête homme, j'espère? Et, quant à mon affaire, s'il faut que vous la sachiez, je suis chargé par un homme du parlement qui est là bas au château, d'apporter une lettre au digne M. Bridgenorth de Moultrassie-Hall. C'est bien ici, à ce que je pense, quoique je ne sache pas aussi bien pourquoi vous êtes là planté devant sa porte, comme l'enseigne de *l'Homme Rouge*, avec une vieille carabine à la main.

— Donne-moi cette lettre, l'ami, dit le factionnaire, à qui cette explication parut naturelle; je la ferai remettre à Son Honneur.

Lance-Outram, fouillant dans sa poche, comme pour y prendre une lettre qui n'avait jamais existé, s'approcha de la sentinelle, et, avant qu'il eût eu le temps de concevoir quelque soupçon, la saisit tout à coup au collet, siffla, et, exerçant ses talens comme lutteur, talens pour lesquels il avait été renommé dans sa jeunesse, il renversa son homme par terre, et l'étendit sur le dos; mais pendant cette lutte le mousquet partit.

Au signal donné par Lance, les mineurs s'étaient précipités dans la cour, et leur chef, n'espérant plus exécuter son projet en silence, ordonna à deux d'entre eux de garotter le prisonnier, et aux autres d'attaquer la maison en poussant de grands cris.

— Vive à jamais Peveril du Pic! ce cri retentit à l'instant dans la cour, avec toutes les dénominations injurieuses que les royalistes avaient imaginées contre les

Têtes-Rondes pendant tant d'années de guerre civile. En même temps quelques-un d'entre eux attaquèrent la porte à coups de hache, tandis que les autres employaient leurs pioches pour faire une brèche au mur d'une espèce de porche attenant à la façade de l'édifice. Comme ils étaient assez bien protégés par un avancement de muraille et par un grand balcon sous lequel ils travaillaient, leur besogne avançait plus vite que celle de leurs camarades, car la pioche éprouvait moins de résistance de la part des briques, qu'une porte épaisse en bois de chêne et garnie de gros clous n'en opposait à la hache.

Le tumulte qui avait lieu dans la cour ne tarda pas à donner l'alarme dans l'intérieur. On vit des lumières passer derrière plusieurs fenêtres, et l'on entendit des voix qui demandaient quelle était la cause de tout ce bruit, question à laquelle les cris qu'on poussait dans la cour répondaient suffisamment. Enfin une fenêtre de l'escalier s'ouvrit, et le major Bridgenorth lui-même, s'informant avec un ton d'autorité de ce que signifiait ce tumulte, ordonna aux tapageurs de se retirer à l'instant, à leurs risques et périls s'ils s'y refusaient.

— Nous voulons notre jeune maître, vieux bandit, vieil hypocrite, lui répondit-on ; et, si vous ne nous le rendez sur-le-champ, nous ne laisserons pas pierre sur pierre de votre maison.

— C'est ce que nous verrons dans un instant, répliqua Bridgenorth; car si l'on frappe encore un coup contre les murs de ma paisible demeure, je fais feu de ma carabine, et que votre sang retombe sur vous ! J'ai pour défendre ma maison une vingtaine d'amis, bien armés de mousquets et de pistolets, et nous ne manquons ni de courage, ni de moyens, avec l'aide du ciel, pour vous punir de tout acte de violence auquel vous pourriez vous porter.

Lance-Outram n'était pas soldat, mais il était assez bon chasseur pour comprendre l'avantage que des gens ayant des armes à feu et étant à couvert auraient nécessairement sur des hommes contre lesquels ils pourraient tirer presque à bout portant, et armés comme l'étaient la plupart de ses partisans. — M. Bridgenorth, répondit-il, accordez-nous un pour-parler et des conditions raisonnables. Nous ne voulons pas vous faire de mal, mais nous voulons que vous nous rendiez notre jeune maître; c'est bien assez que vous ayez pris notre vieux maître et sa femme; il est indigne d'un chasseur de tuer en même temps le cerf, la biche et le faon, et nous vous donnerons quelque lumière sur ce sujet dans un moment.

Ce discours fut suivi d'un grand craquement qui se fit entendre dans les croisées du rez-de-chaussée, et qui était le résultat d'un nouveau plan d'attaque imaginé par quelques-uns des assaillans.

— J'accepterais les conditions proposées par cet honnête garçon, et je relâcherais le jeune Peveril, dit un des défenseurs de la maison, qui, tout en bâillant d'un air d'insouciance, s'était approché du poste où s'était placé le major.

— Êtes-vous fou? s'écria Bridgenorth; ou croyez-vous que j'aie assez peu d'énergie pour renoncer aux avantages que je possède maintenant sur la famille Peveril, en me laissant intimider par une poignée de lâches que la première décharge dispersera comme un tourbillon chasse la paille?

— Sans doute, répondit le même interlocuteur, et c'était l'individu qui avait étonné Julien par sa ressemblance avec l'inconnu qui se donnait le nom de Ganlesse, j'aime la vengeance autant que vous; mais nous l'achèterons un peu cher, si ces coquins mettent le feu à la maison, comme ils paraissent en avoir envie, tandis que vous parlementez à la fenêtre. Ils ont jeté des torches et des matières combustibles dans le vestibule, et c'est tout ce que nos amis peuvent faire, que d'empêcher la flamme de se communiquer aux vieilles boiseries.

— Que le ciel te juge pour ton insouciance! s'écria Bridgenorth. On dirait que le mal est tellement ton élément, qu'il ne t'importe guère que ce soit un ami ou un ennemi qui souffre.

A ces mots, il descendit précipitamment l'escalier, sur lequel, à travers des barreaux de fer qui défendaient les fenêtres brisées, les assaillans avaient jeté de la paille allumée en quantité suffisante pour produire beaucoup de fumée et assez de feu pour alarmer les défenseurs de la maison et jeter la confusion parmi eux; de sorte que plusieurs coups de feu tirés à la hâte par les fenêtres ne firent presque aucun mal aux assaillans. Ceux-ci, commençant à s'échauffer, répondirent à cette décharge par de nouveaux cris. — Vive Peveril du Pic! et comme on venait d'ouvrir une brèche dans le mur, Lance-Outram, Ditchley, et les plus valeureux de leurs compagnons, s'y précipitèrent, et entrèrent dans le vestibule.

Ils étaient pourtant encore bien loin d'être maîtres de la maison. Les assiégés joignaient au sang-froid et à l'habileté cet enthousiasme qui compte la vie pour rien quand il s'agit de s'acquitter d'un devoir véritable ou supposé. Par les portes entr'ouvertes du vestibule, ils entretenaient un feu qui commença à devenir fatal. Un mineur fut tué; trois ou quatre autres furent blessés, et Lance-Outram ne savait trop s'il devait battre en retraite, en chargeant les flammes du soin de sa vengeance, ou faire une attaque désespérée sur les postes occupés par les défenseurs de la maison, et tâcher de s'en emparer. Sa conduite fut déterminée en ce moment par un événement inattendu, dont il est nécessaire de rapporter la cause.

Julien Peveril, de même que les autres habitans de Moultrassie-Hall, avait été éveillé dans cette nuit mémorable par le bruit qu'avait fait le mousquet de la sentinelle, et par les cris que poussaient les vassaux et les amis de son père. Il en entendit assez pour deviner qu'on attaquait la maison de Bridgenorth dans la vue de le délivrer. Doutant beaucoup du résultat de cette tentative, à peine sorti du sommeil dont il s'éveillait si brusquement, et confondu de la suite rapide d'événemens dont il avait été témoin depuis si peu de temps, il mit à la hâte une partie de ses vêtemens, et s'avança à la fenêtre de sa chambre; mais il ne put rien voir qui pût le rassurer, car elle n'avait point vue sur le côté de la maison où l'attaque avait lieu. Il essaya d'ouvrir sa porte; elle était fermée par un verrou extérieur. Son embarras et son inquiétude étaient au plus haut degré, quand tout à coup sa porte s'ouvrit, et, les yeux brillant d'un sentiment mêlé de crainte et de résolution, couverte d'un déshabillé qu'elle avait mis à la hâte dans le premier moment d'alarme, les cheveux flottant sur ses épaules, Alice Bridgenorth se précipita dans l'appartement, lui saisit la main, et s'écria avec l'émotion la plus vive : O Julien, sauvez mon père !

La lumière qu'elle portait à la main servit à lui faire reconnaître des traits que personne n'aurait vus sans intérêt, mais dont l'expression en ce moment était irrésistible pour un amant.

— Que voulez-vous dire, Alice? s'écria-t-il; quel danger menace votre père? où est-il?

— Ne me faites pas de questions, répondit-elle; si vous voulez le sauver, suivez-moi.

En même temps elle marcha devant lui à pas précipités, descendit jusqu'à la moitié du petit escalier qui conduisait à la chambre qu'occupait Julien; là, passant par une porte de côté, elle traversa une longue galerie, et descendit par un autre escalier plus grand et plus large, au bas duquel se trouvait son père, environné de quatre ou cinq de ses amis, et qu'on pouvait à peine apercevoir au milieu d'un nuage de fumée produite autant par le feu qui commençait à prendre au vestibule que par les coups de fusil qu'ils tiraient eux-mêmes.

Julien vit qu'il n'avait pas un instant à perdre s'il voulait que sa médiation pût être utile. Il se fit jour à travers les amis de Bridgenorth, avant que ceux-ci eussent eu le temps de s'apercevoir de son arrivée; et, se jetant au milieu des assaillans, il les assura qu'il était en sûreté et les conjura de se retirer.

— Ce ne sera pas avant d'avoir quelques tranches du Croupion, M. Julien, répondit Lance-Outram. Je suis bien content de vous voir sain et sauf; mais voici Joë Rimegap qui est mort, comme un daim percé d'une flèche; plusieurs des nôtres sont blessés, et nous serons vengés. Nous rôtirons ces chiens de puritains comme des lièvres.

— Vous me rôtirez donc avec eux, répliqua Julien, car je vous jure sur mon Dieu que je ne sortirai pas de cette maison, ayant donné ma parole d'honneur au major Bridgenorth de rester chez lui jusqu'à ce que je sois légalement remis en liberté.

— Allez au diable, fussiez-vous dix fois un Peveril, s'écria Ditchley; voir tant de braves gens se donner tant de mal et courir tant de risque pour vous, et ne pas mieux les soutenir! Attisez le feu, camarades, et brûlons-les tous ensemble.

— Allons, allons, la paix! mes maîtres, dit Julien, et écoutez la raison. Nous sommes tous ici dans une affreuse situation, et votre conduite ne fera que la rendre encore pire. Aidez à éteindre ce feu, ou sans cela il pourra vous coûter cher. Restez sous les armes; et laissez-moi chercher avec le major Bridgenorth quelque moyen d'arrangement. Je me flatte que tout peut encore finir d'une manière favorable pour les deux partis. Dans le cas contraire, je consens que vous renouveliez l'attaque, et je vous seconderai moi-même; mais quoi qu'il puisse arriver, je n'oublierai jamais le service que vous avez voulu me rendre cette nuit.

Alors il prit à part Ditchley et Lance-Outram, tandis que les autres attendaient le résultat de cette conférence, et, les remerciant affectueusement, il leur demanda, comme le plus grand service qu'ils pussent lui rendre, ainsi qu'à la maison de son père, de lui permettre de négocier les conditions de sa délivrance; mettant en même temps dans la main de Ditchley cinq à six pièces d'or, afin, lui dit-il, que les braves mineurs de Bonaventure pussent boire à sa santé, il témoigna à Lance-Outram qu'il sentait tout le prix de son zèle, mais en protestant qu'il ne lui en saurait gré que s'il le laissait le maître de terminer cette affaire comme il le désirait.

— Ma foi, M. Julien, répondit Lance-Outram, je suis à peu près au bout de mon rôle, car je fais une besogne qui est au-dessus de mes connaissances. La seule chose que je désire, c'est de vous voir sortir sain et sauf de Moultrassie-Hall, sans quoi ma vieille tante Ellesmere me ferait une belle leçon quand je rentrerai à la maison. La vérité est que c'est malgré moi que j'ai commencé à me battre; mais quand j'ai vu ce pauvre diable de Joë tué à côté de moi, j'ai cru que nous devions avoir sang pour sang. Au surplus je remets tout entre les mains de Votre Honneur.

Pendant ce colloque, les deux partis s'étaient occupés ensemble à éteindre le feu, qui, sans cet accord, aurait pu être fatal à tous. Il fallut un effort général pour en venir à bout, et les deux troupes ennemies se livrèrent aux travaux nécessaires avec la même unanimité que si l'eau qu'on tirait du puits dans des paniers de cuir avait eu l'effet d'éteindre leur animosité mutuelle aussi bien que l'incendie.

CHAPITRE XXVI.

« Nécessité, mere d'invention,
» Toi, grace à qui nous avons vu conclure
» Force traites en mainte occasion,
» Viens nous aider à sortir d'aventure »

Anonyne

TANT que le feu continua, les deux partis travaillèrent activement et de bon accord, comme les factions opposées des Juifs pendant le siège de Jérusalem quand elles étaient forcées de se réunir pour résister à un assaut. Mais quand le dernier seau d'eau eut tombé avec une espèce de frémissement sur les derniers charbons, le sentiment d'hostilité mutuelle, suspendu pendant quelque temps par la crainte d'un danger commun, se ralluma à son tour. Les deux partis, qui s'étaient mêlés ensemble comme s'ils n'en avaient fait qu'un, pour éteindre l'incendie, se séparèrent alors, se rangèrent chacun d'un côté du vestibule, tous portant la main sur leurs armes, comme n'attendant qu'un signal pour recommencer le combat.

Bridgenorth interrompit ces dispositions hostiles. — Julien Peveril, dit-il, tu es libre de marcher dans tel chemin qu'il te plaira, puisque tu ne veux pas suivre avec moi la route qui est la plus sûre et la plus honorable. Mais si tu veux écouter mon avis, tu mettras la mer entre l'Angleterre et toi.

— Ralph Bridgenorth, lui dit un de ses amis, ce serait agir avec une faiblesse coupable que de te laisser arracher par ces enfans de Bélial le captif que tu dois à ton arc et à ton glaive, sans leur disputer plus long-temps cette conquête. A coup sûr nous sommes en état de les combattre avec cette confiance que donne la bonne cause; et nous ne devons pas remettre en liberté ce rejeton du vieux serpent, sans avoir essayé s'il plaira au Seigneur de nous accorder la victoire.

Un murmure d'approbation suivit ces paroles, et sans l'intervention de Ganlesse le combat se serait probablement renouvelé. Il emmena le partisan de la guerre dans une embrasure de croisée, et parut avoir répondu à ses objections d'une manière satisfaisante; car celui-ci étant retourné vers ses compagnons : — Notre ami, leur dit-il, a si bien discuté cette affaire, que, puisqu'il est du même avis que le digne major Bridgenorth, je pense que nous pouvons rendre la liberté à ce jeune homme. Aucun d'eux n'ayant fait d'objection, il ne restait à Julien qu'à remercier et à récompenser les braves qui avaient mis tant d'activité à le secourir. Ayant d'abord obtenu de Bridgenorth une promesse d'amnistie pour ceux qui étaient venus l'attaquer à main armée, il leur fit ses remerciemens en peu de mots, et quelques pièces d'or qu'il mit dans la main de Lance-Outram leur fournirent les moyens de passer gaiement la journée qui allait suivre. Tous voulaient rester pour le protéger; mais, craignant quelque nouveau désordre, et comptant entièrement sur la bonne foi du major, il les renvoya tous, excepté Lance-Outram, qu'il garda près de lui pour l'accompagner quand il quitterait Moultrassie-Hall. Mais avant d'en partir il ne put résister au désir qu'il avait de parler en secret au major; et, s'avançant vers lui, il lui demanda une conversation particulière.

Accordant tacitement ce qui lui était demandé, le major conduisit Julien dans un petit salon d'été qui donnait sur le vestibule, et avec son air d'indifférence et de gravité ordinaire, il sembla attendre en silence ce que Peveril avait à lui communiquer.

Julien, embarrassé par cet abord froid, ne savait comment prendre un ton qui fût en même temps celui de la conciliation et de la dignité. — Major Bridgenorth, dit-il enfin, vous avez été fils, fils affectionné; vous pouvez concevoir mes inquiétudes. — Mon père...? que va-t-il devenir ?

— Ce que la loi en ordonnera. S'il avait suivi les conseils que je lui ai fait donner, il aurait pu rester en sûreté dans la maison de ses ancêtres. Maintenant son sort n'est pas en mon pouvoir, bien moins encore au vôtre: c'est son pays qui doit en décider.

— Et ma mère?

— Elle consultera son devoir, comme elle l'a toujours fait, et trouvera le bonheur en agissant ainsi. Croyez-moi, j'ai pour votre famille des intentions meilleures qu'on ne peut les apercevoir à travers les nuages que l'adversité a répandus sur votre maison. Je puis triompher comme homme ; mais, comme homme, je dois me rappeler, dans mon heure de triomphe, que mes ennemis ont eu aussi le leur. Avez-vous autre chose à me dire? ajouta-t-il après un moment de silence; vous avez repoussé à plusieurs reprises la main que je vous présentais. Que nous reste-t-il de commun ensemble?

Ces paroles, qui semblaient couper court à toute discussion, furent prononcées avec tant de calme, que, quoiqu'elles semblassent interdire à Julien toute autre question, elles ne purent arrêter celle qui tremblait sur ses lèvres. Il fit un pas ou deux vers la porte, et, se retournant tout à coup : — Votre fille ! dit-il ; ne puis-je vous demander..... pardonnez-moi de prononcer son nom, mais ne puis-je vous demander de ses nouvelles, vous exprimer mes vœux pour son bonheur?

— L'intérêt que vous lui portez n'est que trop flatteur, répondit Bridgenorth; mais vous avez déjà pris votre parti, et vous devez être à l'avenir étrangers l'un pour l'autre. Je puis avoir désiré qu'il en fût autrement; mais vous avez laissé passer l'heure de grace pendant laquelle votre docilité à suivre mes avis aurait pu, je parlerai franchement, faciliter votre union. Quant à son bonheur, si un tel mot peut s'appliquer à ce qui se passe pendant notre pèlerinage sur la terre, c'est à moi d'y songer. Elle part aujourd'hui de Moultrassie-Hall, sous la sauvegarde d'un ami sûr.

— Non pas de...! s'écria vivement Peveril; et il s'arrêta tout à coup, sentant qu'il n'avait pas le droit de prononcer le nom qui se présentait à ses lèvres.

— Pourquoi n'achevez-vous pas? demanda Bridgenorth; une première pensée est souvent sage, et presque toujours honnête. A qui supposez-vous que j'ai dessein de confier ma fille, puisque cette idée vous a arraché une expression d'inquiétude?

— Je vous demande encore pardon de me mêler d'une affaire dans laquelle je n'ai guère le droit d'intervenir, répondit Julien. Mais j'ai vu ici un individu qui ne m'est pas inconnu; il se donne le nom de Ganlesse. Serait-ce à lui que vous auriez dessein de confier votre fille?

— A lui-même, répondit le major sans montrer ni mécontentement ni surprise.

— Et connaissez-vous bien celui à qui vous confiez un dépôt si précieux à tous ceux qui connaissent miss Bridgenorth; un dépôt si précieux pour vous-même?

— Et vous qui me faites cette question, le connaissez-vous?

— J'avoue que je ne sais qui il est; mais je l'ai vu jouer un rôle si différent de celui qu'il joue en ce moment, que je regarde comme un devoir de vous conjurer de bien réfléchir avant de confier votre fille à un homme qui peut se montrer tour à tour sous les traits d'un débauché ou d'un hypocrite, au gré de sa fantaisie, ou suivant que son intérêt l'exige.

— Je pourrais, dit Bridgenorth en souriant avec dédain, trouver quelque chose à redire dans le zèle officieux d'un jeune homme qui s'imagine que ses idées peuvent instruire mes cheveux gris; mais tout ce que je vous demande, mon cher Julien, c'est de me rendre la justice de croire que moi, qui ai eu tant d'occasions de connaître les hommes, je sais parfaitement à qui je confie ce que j'ai de plus cher au monde. Celui dont vous me parlez a un visage connu de ses amis, quoiqu'il puisse en avoir un autre pour le monde, parce qu'il vit au milieu de gens parmi lesquels des traits honorables doivent être couverts d'un masque grotesque, de même que, dans ces divertissemens criminels qu'on nomme bals et mascarades, le sage, quand il s'y montre, doit se résoudre à jouer le rôle d'un fou.

— Tout ce que je désire, dit Julien, c'est de mettre votre sagesse sur ses gardes, et de vous engager à vous méfier d'un homme qui, puisqu'il sait se couvrir d'un masque, peut vous cacher à vous-même ses véritables traits.

— C'est prendre plus de soins qu'il ne faut, jeune homme, répondit Bridgenorth d'un ton plus bref qu'il ne l'avait fait encore; si vous voulez suivre mon avis, vous vous occuperez de vos propres affaires, qui, croyez-moi, méritent toute votre attention, et vous laisserez aux autres la conduite des leurs.

Ce langage était trop clair pour permettre une réplique, et Julien fut obligé de prendre congé de Bridgenorth, et de quitter Moultrassie-Hall sans autre explication. Le lecteur peut s'imaginer combien de fois il se retourna, et chercha à deviner, parmi les lumières qu'on voyait briller à différentes fenêtres, quelle était celle qui partait de l'appartement d'Alice. Quand la route prit une autre direction, il tomba dans une profonde rêverie, dont il fut enfin tiré par la voix de Lance-Outram, qui lui demanda où il avait dessein de passer le reste de la nuit. Il n'était pas préparé à répondre à cette question; mais l'honnête garde forestier se chargea lui-même de la résoudre, en lui proposant de venir occuper un lit de réserve qu'il avait à la Loge, ce que Julien accepta volontiers. Le reste des habitans de la maison étaient couchés quand ils arrivèrent ; mais dame Ellesmere, instruite par un messager des intentions hospitalières de son neveu, avait tout disposé, le mieux qu'elle l'avait pu, pour la réception du fils de son ancien maître. Peveril se retira dans la chambre qui lui était destinée ; et, malgré tous ses sujets d'inquiétude, il dormit si bien que la matinée était déjà assez avancée quand il s'éveilla ; encore son sommeil fut-il interrompu par Lance-Outram, déjà levé depuis long-temps, et qui s'acquittait toujours avec activité de ses devoirs.

Lance venait lui apporter des nouvelles. Il lui apprit que le major Bridgenorth lui avait renvoyé son cheval, ses armes et une petite valise, par un de ses domestiques, porteur en même temps d'une lettre qui contenait le congé de mistress Debora Debbitch, et qui lui défendait de reparaître à Moultrassie-Hall. L'officier de la chambre des communes, escorté d'une bonne garde, était parti du château de Martindale de bonne heure dans la matinée, emmenant prisonnier sir Geoffrey Peveril dans sa voiture, accompagné d'une forte escorte, et ayant permis à lady Peveril de les accompagner. Il ajouta encore que maître Win-the-Fight, procureur de Chesterfield, avec d'autres hommes de loi, avait pris possession du château au nom du major Bridgenorth, comme créancier d'une somme considérable.

Après avoir débité toutes ces nouvelles assez longuement pour épuiser la patience de Job, et après avoir hésité un moment, Lance-Outram déclara qu'il avait résolu de quitter le pays, et d'accompagner son jeune maître à Londres. Julien fit d'abord quelque difficulté d'accepter sa proposition, et lui représenta qu'il ferait mieux de rester avec sa tante, qui n'avait pas d'autre protecteur. Le garde forestier lui répliqua qu'elle ne manquerait pas de protection, attendu qu'elle avait de quoi en acheter; mais que, pour lui, il était décidé à ne quitter M. Julien qu'à la mort.

Peveril le remercia cordialement de cette preuve d'attachement.

— Pour dire la vérité, ajouta Lance-Outram, ce n'est pas tout-à-fait uniquement par attachement, quoique je vous sois aussi attaché qu'un autre; mais c'est aussi un peu par crainte que l'affaire de la nuit dernière ne se trouve par trop chaude pour mes doigts. Quant aux mineurs, jamais on ne les inquiétera pour cela, ces gens-là n'allant que comme on les pousse.

— Si vous avez quelques craintes à cet égard, dit Julien, j'écrirai en votre faveur au major Bridgenorth, qui m'a promis que vous ne seriez recherché pour rien de ce qui s'est passé.

— Ce n'est pas plus tout-à-fait par crainte que tout-à-fait par attachement, répondit le garde forestier d'un ton énigmatique, quoique ces deux motifs influent sur ma conduite. Je vous dirai donc, pour ne rien vous cacher, que ma tante Ellesmere et dame Debora Debbitch ont résolu d'attacher leurs chevaux au même râtelier et d'oublier leurs anciennes querelles. Or, de tous les revenans du monde, le pire est une ancienne maîtresse qui revient pour se mettre aux trousses d'un pauvre diable comme moi. Malgré tout le chagrin que lui cause la perte de sa place, mistress Debora a déjà parlé d'un demi-shilling que nous avons rompu ensemble (1) et de je ne sais quelles sottises encore, comme

(1) Pratique qui équivaut à une promesse de mariage. — Éd

si un homme pouvait se rappeler de pareilles choses, après tant d'années, et comme si, pendant tout ce temps, mistress Debbitch n'avait pas pris elle-même sa volée au-delà des mers, comme une bécasse.

Julien put à peine s'empêcher de sourire.

— Je vous croyais assez de cœur, lui dit-il, pour ne pas craindre qu'une femme entreprît de vous épouser, bon gré mal gré.

— C'est pourtant ce qui est arrivé à plus d'un honnête homme, M. Julien; et quand une femme est dans votre maison, le diable lui fournit tant d'occasions! Et puis, elles seraient deux contre un, car, quoique ma tante le prenne sur un ton assez haut quand il s'agit de personnes comme vous, elle a du goût pour les espèces, et il paraît que mistress Debbitch est riche comme un juif.

— Et vous n'êtes pas de l'avis de ceux qui se marient pour le gâteau et le pouding?

— Non, sur ma foi, à moins que je ne sache de quelle pâte ils sont faits. Puis-je savoir comment la Debora a gagné tout cet argent? A quoi bon parler d'anciens gages d'amour? Elle n'a qu'à être la même jolie fille bien tournée qu'elle était quand j'ai rompu un demi-shilling avec elle, et elle me trouvera tout aussi amoureux que je l'étais. Je n'ai jamais entendu parler d'un amour qui durât dix ans; et le sien, s'il dure encore, doit en avoir bien près de vingt.

— Eh bien, puisque vous y êtes résolu, nous irons ensemble à Londres, et si je ne puis vous garder à mon service et que mon malheureux père ne voie pas la fin de ses infortunes, je tâcherai de vous procurer une autre place.

— Oh! j'espère bien revenir à Martindale avant qu'il soit long-temps, et faire mes rondes dans les bois, suivant ma coutume. Quand je ne servirai pas de but commun aux flèches de ma tante et de mistress Debbitch, elles banderont bientôt l'arc l'une contre l'autre. Mais voici dame Ellesmere qui vous apporte votre déjeuner. Je vais donner quelques ordres relativement aux daims du parc à Rough-Ralph, mon adjoint, brider mon cheval et celui de Votre Honneur, qui n'est pas des meilleurs ; et nous serons prêts à partir.

Julien n'était pas fâché d'avoir à sa suite un homme qui lui avait donné la veille des preuves d'intelligence, de hardiesse et d'attachement. Il chercha donc à rendre supportable à la vieille tante l'idée de se séparer de son neveu pour quelque temps. Le dévouement sans bornes dont elle faisait profession pour la famille la décida aisément à accorder son consentement à cette proposition, quoique ce ne fût pas sans donner en secret un soupir à la destruction d'un château en l'air qu'elle avait construit sur la bourse bien garnie de mistress Debora Debbitch. Au surplus, pensa-t-elle, il n'y a pas grand mal qu'il s'éloigne quelque temps de cette coureuse à longues jambes, de cette Cisly Sellok qui n'a pas un sou. Quant à la pauvre Debora, le départ de Lance-Outram, qu'elle avait regardé du même œil que le marin voit un port dans lequel il peut entrer si le temps devient contraire, fut pour elle un second coup qui suivait de bien près celui du congé qu'elle avait reçu de la part du major.

Julien voulut voir cette femme inconsolable, dans l'espoir d'en obtenir quelques renseignemens sur les projets de Bridgenorth relativement à sa fille ; sur le caractère de ce Ganlesse, et sur d'autres objets que le long séjour qu'elle avait fait dans cette famille pouvait lui avoir fait connaître. Mais elle avait l'esprit trop troublé pour pouvoir lui donner le moindre éclaircissement. Elle ne se rappelait pas le nom de Ganlesse; celui d'Alice lui donnait des attaques de nerfs, et celui du major la rendait furieuse. Elle fit l'énumération de tous les services qu'elle avait rendus au père et à la fille, et prédit que leur linge serait mal blanchi, que leurs volailles ne s'engraisseraient point, que la maison serait mal tenue, qu'Alice tomberait dans une maladie de langueur, et qu'elle mourrait avant peu; malheurs qu'elle avait détournés et prévenus, ajouta-t-elle, à force de soins, d'attention et de vigilance. Passant alors à son chevalier fugitif, elle en parla, moitié pleurant, moitié riant, d'un ton si méprisant, et mêlé de tant d'invectives, que Julien vit que ce n'était pas un sujet qui fût propre à lui servir de calmant, et que par conséquent, à moins qu'il ne s'arrêtât plus long-temps que ne le lui permettait l'état urgent de ses affaires, il n'était pas probable qu'il trouvât mistress Debora dans une situation d'esprit assez tranquille pour lui donner quelques renseignemens utiles et raisonnables.

Lance-Outram eut l'extrême bonté de s'accuser lui-même d'être la seule cause de l'espèce d'aliénation mentale de dame Debbitch, ou de son *affection violente* (1) comme on appelle en ce pays ces accès de *passio hysterica* (2); il avait aussi trop d'humanité pour se montrer

---

(1) *Taking on.*

(2) D'hystérie : ces mots de latinité médicale ont passé, comme tant d'autres, dans la langue usuelle en Angleterre. — É.D.

aux yeux de cette victime de la sensibilité et de sa dureté de cœur. Il fit donc dire par son agent Rough-Ralph que les chevaux étaient sellés et bridés à la porte, et que tout était prêt pour leur départ.

Julien ne se le fit pas répéter; ils montèrent tous deux à cheval, et s'avancèrent au grand trot dans la direction de Londres, mais non par la route la plus ordinaire. Peveril calcula que la voiture dans laquelle son père voyageait marcherait lentement, et son dessein était d'arriver avant lui à Londres, s'il était posible, afin d'avoir le temps de consulter les amis de sa famille sur les mesures qu'on pouvait prendre pour le tirer de danger.

Ils voyagèrent ainsi toute la journée, et la nuit étant arrivée, ils s'arrêtèrent devant une petite auberge sur la route. Ils appelèrent; mais personne ne se présenta pour les recevoir et prendre soin de leurs chevaux, quoique la maison fût bien éclairée, et qu'on entendît dans la cuisine un tintamarre qui ne peut être produit que par un cuisinier français quand il est dans ce qu'on appelle le coup de feu. Il était fort rare, à cette époque, qu'on employât le ministère de ces artistes d'outre-mer, et la première idée qui se présenta à l'esprit de Julien fut que le bruit qu'il entendait annonçait nécessairement la présence du sieur Chaubert, du savoir-faire duquel il avait déjà vu un échantillon dans la compagnie de Smith et de Ganlesse.

Il était donc probable que l'un ou l'autre de ces individus, et peut-être même que tous deux étaient dans cette petite auberge; et si cela était, il pouvait trouver l'occasion de découvrir qui ils étaient, et quels étaient leurs projets. Il ne savait comment profiter d'une telle rencontre, mais le hasard le servit mieux qu'il n'aurait pu l'espérer.

— Je puis à peine vous recevoir, messieurs, dit l'hôte, qui parut enfin à la porte; j'ai chez moi aujourd'hui des espèces de gens de qualité à qui il faut toute ma maison; je crois même qu'ils la trouveront trop petite.

— Nous ne sommes pas difficiles à contenter, mon brave hôte, répondit Julien. Nous nous rendons au marché de Moselay, et nous ne pouvons aller plus loin ce soir; le moindre coin nous suffira.

— En ce cas, reprit l'hôte, je puis placer l'un de vous dans mon petit cabinet derrière la grande salle, quoique ces messieurs aient demandé à être seuls; et, quant à l'autre, il faut qu'il fasse de nécessité vertu, et qu'il se place à côté de moi dans le comptoir (1).

— A moi le comptoir, s'écria Lance sans attendre la décision de son maître; c'est l'élément dans lequel je désire vivre et mourir.

— Et à moi le cabinet, dit Peveril; — et, reculant quelques pas, il dit tout bas à Lance de changer d'habit avec lui, désirant, s'il était possible, éviter d'être reconnu.

L'échange se fit en un instant, pendant que l'hôte était allé chercher une lumière; après quoi il les fit entrer dans l'hôtellerie, recommandant à Julien de rester bien tranquille dans l'espèce de trou où il le placerait, et, si par hasard on le découvrait, de dire qu'il était

---

(1) Le comptoir d'un aubergiste ou cabaretier anglais est entouré d'un grand nombre de robinets d'où, par le moyen de tuyaux communiquant à des tonneaux, on peut tirer à l'instant de la bière, de l'ale, du rum, du genièvre, de l'eau-de-vie, etc., à la dose que l'on désire. — Éd.

de la maison, et de lui laisser le soin du reste.—Vous entendrez tout ce qu'ils disent, ajouta-t-il, mais vous n'en serez pas plus avancé ; car, quand ils ne parlent pas français, ils ont un jargon de cour auquel on ne peut rien comprendre.

Le petit cabinet dans lequel on introduisit notre héros était à la grande salle de la petite auberge ce qu'est à une ville rebelle le fort destiné à la tenir en bride. L'hôte y passait tous les samedis soirs, à l'abri des yeux des buveurs, et pouvant les voir, surveiller leur conduite, examiner ce dont ils avaient besoin, entendre même leurs discours ; habitude à laquelle il ne dérogeait jamais, étant de cette classe nombreuse de philanthropes pour qui les affaires des autres sont aussi importantes que les leurs, et peut-être même davantage.

Ce fut là que notre hôte fit entrer Julien, en lui recommandant de nouveau de ne parler ni remuer, et en lui promettant qu'il ne tarderait pas à lui apporter une tranche de bœuf froid et un pot d'excellente bière. Il l'y laissa sans autre lumière que celle qui venait de la grande salle par des fentes adroitement ménagées pour permettre à l'hôte de tout y voir.

Cette situation, quoique peu commode en elle-même, était précisément celle que Julien aurait choisie en cette occasion. Il s'enveloppa dans la grande redingote de Lance-Outram, à laquelle le temps avait fait plus d'un outrage, et qui, parmi toutes les nuances qu'il lui avait données, y avait à peine laissé quelques traces du vert de Lincoln, sa couleur primitive. Le jeune Peveril, faisant le moins de bruit possible, se mit à observer les deux personnages qui s'étaient emparés de la totalité de l'appartement ouvert au public. Ils étaient assis devant une table couverte des mets les plus recherchés, et qui ne pouvaient avoir été préparés que grace à la prévoyance et aux soins du sieur Chaubert. L'un et l'autre semblaient y faire honneur.

Julien n'eut pas de peine à s'assurer que l'un des deux convives était, comme il l'avait présumé, le maître dudit Chaubert, celui que Ganlesse avait nommé Smith. Quant à l'autre, qui était assis en face du premier, il ne l'avait jamais vu. Il était mis en élégant du dernier goût. A la vérité, comme il voyageait à cheval sa perruque n'était guère plus grande que celle d'un juge de nos jours (1); mais les parfums qui s'en exhalaient à chaque mouvement qu'il faisait embaumaient tout l'appartement, qui ne connaissait guère d'autre odeur que celle du tabac. Son habit était galonné à la mode la plus nouvelle de la cour, et Grammont lui-même aurait pu porter envie à la broderie de sa veste; enfin la coupe particulière de ses culottes, boutonnées au-dessus du genou, laissait voir complètement une jambe fort bien faite, qu'il étalait avec complaisance sur un tabouret, et sur laquelle il jetait de temps en temps un regard de satisfaction.

L'entretien de ces deux personnages était si intéressant, qu'il mérite d'occuper un chapitre particulier.

---

(1) Les juges et les avocats anglais sont restés fidèles à l'ample perruque de *l'ancien régime.* — Éd

CHAPITRE XXVII.

> « Il fut, je crois, formé par la nature
> » Pour guerroyer contre les élémens
> » Ainsi l'on voit la mouette, en tout temps,
> » Qu'il tombe grêle, ou que le vent murmure
> » Tracer en l'air vingt cercles différens,
> » Braver l'orage, affronter le tonnerre,
> » Et sur le haut d'un rocher solitaire,
> » Nous fatiguer de ses lugubres chants.
>
> *Le Chef de clan.*

A ta santé, honnête Tom, dit l'élégant *fashionable* (1) que nous venons de décrire, et à ton heureuse arrivée de la terre des sots ! Tu y es resté si long-temps, que tu as un peu toi-même l'air d'un rustaut d'*assemble-*

---

(1) En lisant les comédies de l'époque, la plupart composées par des courtisans beaux-esprits, tels que Buckingham, Etherege, etc., on voit que notre auteur a reproduit fidèlement le langage de l'époque, qui avait son Euphuisme comme le siècle d'Élisabeth.
ÉD.

motte (1). Ton sale pourpoint te va, ma foi, aussi bien que si c'était ta parure des dimanches, et les aiguillettes en semblent des lacets achetés pour le corset de la maîtresse Marjory. — Je suis surpris qu'un pareil repas puisse être à ton goût; des œufs au lard seraient une nourriture plus convenable pour un estomac enfermé dans un tel accoutrement.

— Fort bien, milord, fort bien, répliqua son compagnon; raillez tant que l'esprit vous durera; je doute que vous en ayez pour bien long-temps; ou plutôt, apprenez-moi les nouvelles de la cour, puisque nous nous sommes rencontrés si à propos.

— Il y a une heure que vous m'auriez fait cette demande, Tom, si votre ame n'eût été complètement enterrée sous les couvercles des plats de Chaubert. Mais vous vous êtes souvenu que les affaires du roi ne risquaient point de se refroidir, et que les entremets doivent se manger chauds.

— Point du tout, milord, je n'ai voulu vous parler que de lieux communs, tant que ce coquin d'hôte à longues oreilles était dans la chambre. A présent qu'il est parti, je vous le demande encore une fois, quelles nouvelles y a-t-il à la cour?

— La conspiration est regardée comme une billevesée. Sir Georges Wakeman a été acquitté. Les jurés ont refusé de croire les témoins. Scroggs, qui a hurlé pour un parti, hurle maintenant pour l'autre.

— Conspiration, Wakeman, témoins, jurés, papistes et protestans, peu m'importe! Oui, ma foi, que me

---

(1) *Clod-Compelling*, par analogie avec *Cloud-Compelling*, assemble-nuages; épithètes de Jupiter-Tonnant. — Éd.

font ces sornettes? Jusqu'à ce que la conspiration monte par l'escalier dérobé du palais, et s'empare de l'imagination du vieux Rowley (1), je ne donnerais pas un farthing (2) pour qu'on y croie ou qu'on refuse d'y croire. Je tiens à quelqu'un qui me tirera d'affaire.

— Eh bien donc, Tom, une autre nouvelle, c'est la disgrace de Rochester.

— Rochester disgracié! comment? pourquoi? Le jour de mon départ il était plus en faveur que qui que ce fût.

— Sa faveur est passée. L'épitaphe lui a cassé le cou; il peut en faire une à présent pour son crédit à la cour, car il est mort et enterré.

— L'épitaphe! j'étais présent quand il la fit, et celui sur qui elle était faite la regarda comme une excellente plaisanterie (3).

— Sans doute, Tom; et nous pensâmes tous de même. Mais l'épitaphe fit du bruit, elle eut une vogue de tous les diables, elle courut tous les cafés, on la mit dans la moitié des journaux; Grammont en fit une traduction en français, et on ne rit pas d'une plaisanterie si piquante quand on vous la corne aux oreilles de tous les côtés. Aussi l'auteur en a-t-il été disgracié, et, sans le duc de Buckingham, la cour serait aussi ennuyeuse que la perruque du lord chancelier.

— Ou que la tête qu'elle couvre. Eh bien! milord,

---

(1) Sobriquet donné à Charles II. — Éd.

(2) La plus petite des monnaies de cuivre en Angleterre. — Éd.

(3) Épitaphe satirique faite par le comte de Rochester contre Charles II. — Éd.

moins il y a de monde à la cour, plus il s'y trouve de place pour ceux qui peuvent s'y évertuer. Mais les deux principales cordes du violon de Shaftesbury sont rompues, la conspiration des papistes tombée en discrédit, et Rochester disgracié. Le baromètre est au variable; mais à la santé du petit homme qui le remettra au beau temps.

— Je vous entends, Tom, et je m'y joins de tout mon cœur. Fiez-vous à moi; milord vous aime et désire vous voir. Ah! je vous ai fait raison. C'est à mon tour, avec votre permission. A la santé du duc des Bucks (1).

— Jamais pair n'a mieux su faire de la nuit le jour. De tout mon cœur, milord! rasade, et tout d'un trait. Et que me direz-vous de la grande dame?

— Prononcée contre tout changement. Le petit Antoine n'en peut rien faire.

— En ce cas, il réduira son influence à rien. Approchez l'oreille: vous savez...

Ici il parla si bas, que Julien ne put entendre ce qu'il disait.

— Si je le connais! dit ensuite le courtisan; si je connais Ned de l'île (2)! bien certainement, je le connais.

— C'est lui qui renouera les deux grosses cordes rompues. Souvenez-vous que je vous l'ai dit; et sur cela je bois à sa santé.

(1) Ce mot prête à une équivoque, car il est à la fois l'abréviation de Buckingham, et signifie *libertin* : — *à la santé du duc des mauvais sujets!* — ÉD.

(2) *Ned* est une abréviation d'*Édouard*. — ÉD.

— J'y bois à cause de cela ; car pour toute autre raison je n'y boirais pas, attendu que je regarde Ned comme ayant tout l'air d'un vilain.

— Accordé, milord, accordé ! Un véritable vilain, un vilain bien prononcé; mais capable, milord, capable et nécessaire, indispensable même pour faire réussir ce plan. Mais que diable, je crois que ce champagne augmente de force en vieillissant.

— Écoute, mon brave Tom, je voudrais que tu m'initiasses un peu dans tout ce mystère. Je suis sûr que tu es au fait ; car à qui se fierait-on, si ce n'était au discret Chiffinch?

— Vous avez beaucoup de bonté, milord, répondit avec la gravité d'un ivrogne ce Smith, à qui nous donnerons désormais son véritable nom de Chiffinch, et dont les copieuses libations qu'il avait faites dans la soirée avaient délié la langue, quoique en rendant sa prononciation un peu moins facile. Peu de gens savent plus de choses que moi, et en parlent moins. *Conticuére omnes*, comme dit la grammaire; chacun devrait apprendre à retenir sa langue.

— Excepté quand on est avec un ami, Tom. Tu ne seras jamais assez butor pour refuser de lâcher un petit mot devant un ami pour le mettre au courant. Sais-tu bien que tu deviens trop prudent et trop politique pour la place que tu occupes? Allons, ton secret fera crever ton gilet de paysan. Déboutonne-toi, Tom, c'est pour ta santé que je te le demande ; laisse sortir ce qui t'étouffe, et que ton ami de cœur sache ce qui se médite. Tu sais que je suis aussi attaché que toi-même au petit Antoine, s'il peut prendre le dessus.

— *Si !* lord mécréant, s'écria Chiffinch. Est-ce à moi

que tu parles de *si* ? Il n'y a ni *si* ni *mais* dans cette affaire. La grande dame sera abaissée d'un cran, et la grande conspiration remontée de deux. Ne connais-tu pas Ned? l'honnête Ned a la mort d'un frère à venger.

— Je l'ai entendu dire, répondit le lord, et je crois que sa persévérance dans le ressentiment de cette injure est en lui une sorte de vertu païenne, peut-être la seule qu'on puisse lui trouver.

—Eh bien! continua Chiffinch, en manœuvrant pour se venger, il y a travaillé plus d'un jour, et il a découvert un trésor.

— Quoi! dans l'île de Man?

— Soyez-en bien sûr. C'est une créature si aimable, qu'elle n'a besoin que d'être vue pour culbuter toutes les favorites, depuis Portsmouth et Cleveland jusqu'à cette créature à trois sous, mistress Nelly.

— Sur mon ame, Chiffinch, c'est chercher du renfort d'après les règles de la tactique; mais prends-y garde, Tom! pour faire une telle conquête, il faut autre chose qu'une joue de roses et un œil brillant; il faut de l'esprit, mon garçon, de l'esprit, des manières, et en outre un grain de jugement, pour conserver son influence quand on l'a acquise.

—Allons donc! croyez-vous m'apprendre ce qu'il faut pour cette vocation? Buvons à sa santé, à plein verre. Je vous dis que vous boirez à sa santé à ses genoux. Jamais on n'a vu beauté si triomphante; j'ai été tout exprès à l'église pour la voir, et c'était la première fois depuis dix ans. Je mens pourtant, ce n'était pas à l'église, c'était dans une chapelle.

— Dans une chapelle! s'écria le courtisan. Comment diable! est-ce donc une puritaine?

—Bien certainement c'en est une. Croyez-vous que je voudrais me mêler de mettre une papiste sur le pinacle dans le moment actuel, quand mon bon lord a dit en plein parlement qu'il ne devrait pas y avoir près de la personne du roi un domestique ou une servante catholique ; qu'on ne devrait pas souffrir qu'un chien ou un chat papiste aboyât ou miaulât autour de lui ?

— Mais réfléchis, Chiffinch, combien il est peu vraisemblable qu'elle plaise. Quoi ! le vieux Rowley, avec son esprit et son amour pour l'esprit, avec sa bizarrerie et son amour pour tout ce qui est bizarre, former une ligue avec une puritaine et une sotte, scrupuleuse, n'ayant pas une idée ! il n'en ferait rien, serait-elle une Vénus.

— Tu n'entends rien à tout cela, répondit Chiffinch. Je te dis que le beau contraste existant entre la prétendue sainte et la pécheresse voluptueuse lui donnera du piquant aux yeux du libertin. Qui le connaît, si ce n'est moi ? A sa santé, milord, à sa santé à genoux, si vous désirez arriver au grade de gentilhomme de la chambre.

— J'y boirai de bon cœur, et très-dévotement ; mais vous ne m'avez pas encore dit comment la connaissance se fera ; car je crois que vous ne pouvez pas la conduire à Whitehall ?

— Ah ! ah ! mon cher lord ! vous voudriez savoir le secret tout entier. Cela n'est pas possible ; je puis bien laisser entrevoir mon but à un ami ; mais personne ne doit connaître les moyens que je dois employer pour y arriver. Et, en parlant ainsi, Chiffinch secoua d'un air de prudence sa tête que le vin faisait déjà chanceler.

L'infame dessein que cette conversation mettait au jour, et dont son cœur l'avertissait qu'Alice Bridgenorth etait l'objet, fit une telle impression sur Julien, qu'il changea de posture involontairement, et mit la main sur la poignée de son épée.

Chiffinch entendit du bruit, et s'interrompit en s'écriant :—Écoutez ! j'ai entendu quelque chose. Corbleu ! j'espère que je n'ai parlé que pour vous seul.

— Si quelqu'un a entendu une syllabe de tes paroles, dit le noble lord, il périra de ma main. Et, prenant une chandelle sur la table, il fit à la hâte la revue de l'appartement ; n'y découvrant rien qui pût encourir sa colère, il remit la lumière où il l'avait prise, et reprit le fil de la conversation.

—Eh bien! en supposant que la belle Louise de Querouailles (1) quitte le haut poste qu'elle occupe, pour monter au firmament, comment vous y prendrez-vous pour reconstruire la conspiration renversée? Car sans cette conspiration point de changement parmi ceux qui tiennent les rênes. Les choses resteront comme elles sont. Nous aurons une favorite protestante, au lieu d'une favorite papiste. Le petit Antoine ne peut pas faire beaucoup de chemin sans sa conspiration ; car c'est lui, je crois en conscience, qui l'a engendrée.

— Qui que ce soit qui l'ait engendrée, répondit le communicatif Chiffinch, il l'a adoptée, et elle a été pour lui un nourrisson donnant les plus belles espérances.

(1) Maîtresse de Charles II, qui la nomma duchesse de Portsmouth — Éd.

Eh bien donc! quoique cet objet s'écarte un peu de la ligne de mes fonctions, je veux bien jouer encore le rôle de saint Pierre, et, prenant une autre clef, je vous ouvrirai la porte du reste du mystère.

—Voilà qui est parler en ami, en brave compagnon, et je vais faire sauter de mes propres mains le bouchon de ce flacon pour boire rasade au succès de ton entreprise.

— Eh bien donc! tu sais que, depuis long-temps, ils avaient une dent contre la vieille comtesse de Derby. On envoya Ned, qui a un vieux compte à régler avec elle, avec de secrètes instructions pour se rendre maître de l'île, s'il le pouvait, à l'aide de ses anciens amis. Il a toujours eu soin de l'entourer d'espions, et il se trouvait bien heureux en pensant que l'heure de la vengeance était prête à sonner pour lui. Mais il manqua son coup, et la vieille dame, se mettant sur ses gardes, se trouva bientôt en état d'enfermer Ned à son tour dans sa tanière. Il partit donc de l'île sans être beaucoup plus avancé que lorsqu'il y était arrivé; mais il apprit, par je ne sais quel moyen, car le diable est, je crois, toujours son ami, que Sa vieille Majesté de Man avait envoyé un messager à Londres pour y former un parti en sa faveur. Ned s'attacha aux pas de ce messager, jeune drôle sans expérience, n'ayant reçu qu'une demi-éducation, fils d'un vieux radoteur de Cavalier de l'ancienne souche du comté de Derby; et il arrangea si bien les choses, qu'il amena le gaillard jusqu'à l'endroit où nous nous étions donné rendez-vous, et où j'attendais avec impatience la jolie proie dont je vous ai parlé. Par saint Antoine, car je ne ferai pas un moindre serment, je fus tout interdit quand je le vis arriver avec ce grand lourdaud, non pas qu'il soit mal bâti; je restai comme..., comme..., aidez-moi donc à trouver une comparaison.

— Comme le compagnon de saint Antoine, s'il était bien gras; car je crois, Chiffinch, que vos yeux clignent de la même manière. Mais quel rapport tout cela a-t-il avec la conspiration ?..... Arrêtez; j'ai assez bu.

— Vous ne me fausserez pas compagnie, s'écria Chiffinch; et l'on entendit un tintement comme s'il remplissait le verre de son compagnon d'une main peu assurée. — Comment! Que veut dire ceci? j'avais coutume de tenir mon verre d'une main ferme, d'une main très-ferme.

— Eh bien! ce jeune homme?

— Eh bien! il avala gibier et ragoûts comme si c'eût été du bœuf de printemps ou du mouton d'été. Jamais je n'ai vu ourson si mal léché. Il ne savait pas plus ce qu'il mangeait qu'un infidèle. Je l'envoyais à tous les diables, quand je voyais les chefs-d'œuvre de Chaubert passer par un gosier si ignorant. Nous prîmes la liberté d'assaisonner un peu son vin pour le débarrasser de son paquet de lettres, et l'imbécile partit le lendemain matin avec un paquet rempli de papiers gris. Ned voulait le garder près de lui, dans l'espoir d'en faire un témoin; mais le gaillard ne se chauffe pas à ce bois.

— Et comment prouverez-vous l'authenticité de ces lettres?

— Vous en êtes là, milord! il ne faut que la moitié d'un œil pour voir que, malgré votre habit brodé, vous étiez de la famille de Furnival (1), avant que la mort de votre frère vous eût fait venir à la cour. Comment nous en prouverons l'authenticité? Nous n'avons laissé partir le moineau qu'avec une ficelle autour de la patte, et nous pouvons le tirer à nous quand cela nous conviendra.

— Tu es devenu un vrai Machiavel, Chiffinch. Mais qu'aurais-tu fait si le jeune homme eût été rétif? J'ai entendu dire que cette race du Pic a la tête chaude et les bras forts.

— Pas d'inquiétude, milord. Nous avions pris nos précautions. Ses pistolets pouvaient aboyer, mais ils ne pouvaient mordre.

— Admirable Chiffinch! tu es donc devenu un filou accompli? tu sais voler les papiers d'un homme, et même t'emparer de sa personne!

— Filou! que signifie ce terme? Il me semble qu'une telle expression ne peut se supporter. Vous me mettrez en colère au point de me faire tomber sur vous!

— Ne vous emportez pas pour un mot, Chiffinch, et faites attention au sens dans lequel j'ai parlé. On peut filouter une fois sans être filou de profession.

— Mais non pas sans tirer à un fou quelques gouttes de sang noble, ou du moins de quelque liqueur rouge, dit Chiffinch qui se leva en trébuchant.

— Pardonnez-moi, répondit le lord, tout cela peut se faire sans de pareilles conséquences, et c'est ce que vous reconnaîtrez demain, quand vous serez de re-

---

(1) Furnival était le nom d'une école de droit de Londres. Chiffinch veut dire ici que le lord appartenait à la profession du barreau, avant qu'il eût succédé au titre de son frère. — Éd.

tour en Angleterre; car en ce moment vous êtes en Champagne, et, pour que vous y restiez, je bois à votre santé ce dernier verre, qui doublera votre bonnet de nuit.

— Je ne refuse pas de vous faire raison; mais je bois ce verre en inimitié et hostilité. C'est une coupe de colère et un gage de bataille. Demain, au lever du soleil, je vous verrai à la pointe de l'épée, fussiez-vous le dernier des Saville. Que diable! croyez-vous que je vous craigne, parce que vous êtes un lord?

— Point du tout, Chiffinch; je sais que tu ne crains que le lard et les fèves arrosées de petite bière. Adieu, aimable Chiffinch; va te coucher, Chiffinch, va te coucher.

A ces mots, il prit une lumière et sortit de l'appartement.

Chiffinch, pour la tête de qui le dernier coup de vin avait été le coup de grace, trouva précisément la force qu'il lui fallait pour en faire autant; il murmura en se traînant vers la porte : — Oui, il m'en rendra raison à la pointe du jour. Dieu me damne! il est déjà venu! Voilà l'aurore! Eh non! c'est la lueur du feu qui donne sur ce maudit volet rouge. — Que diable! on dirait que je suis gris. Voilà ce que c'est qu'une auberge de village. Cette chambre a une odeur d'eau-de-vie qui porte à la tête; car ce ne peut être le vin que j'ai bu. Eh bien! le vieux Rowley ne m'enverra plus ainsi battre la campagne. Allons, ferme! ferme!

Tout en parlant ainsi, il arriva à la porte, mais non par la ligne la plus droite, et laissa à Peveril le soin de réfléchir sur l'étrange conversation qu'il venait d'entendre.

Le nom de Chiffinch, du ministre bien connu des plaisirs de Charles, suffisait seul pour dénoncer le rôle qu'il semblait jouer dans cette intrigue; mais qu'Édouard Christian, qu'il avait toujours regardé comme un puritain aussi strict que son beau-frère Bridgenorth, eût pris part avec lui à un complot si infame, c'était ce qui lui paraissait monstrueux et contre nature. Une parenté si proche pouvait aveugler le major, et le justifier d'avoir confié sa fille à un tel homme; mais quel homme méprisable devait être celui qui méditait d'abuser si ignominieusement de cette confiance! Doutant un instant s'il devait croire à la vérité de tout ce qu'il venait d'entendre, il examina sur-le-champ le paquet de lettres dont il était porteur, et vit que la peau de veau marin qui les avait enveloppées ne contenait plus qu'une égale quantité de mauvais papiers. S'il avait eu besoin d'une autre preuve, le coup de pistolet qu'il avait tiré contre Bridgenorth lui aurait servi, en lui démontrant qu'il fallait qu'on eût touché à ses armes, puisque le major n'avait été frappé que par la bourre. Il examina son second pistolet, qui était encore chargé, et vit qu'on en avait retiré la balle.

— Puissé-je périr au milieu de ces abominables intrigues, pensa-t-il, si tu n'es pas mieux chargé, et si tu ne me sers pas plus utilement. Le contenu de ces lettres peut perdre ma bienfaitrice; le fait qu'on les a trouvées sur moi peut causer la ruine de mon père; et la découverte que j'en étais porteur peut me coûter la vie à moi-même, ce dont je me soucie le moins. C'est un fil de la trame ourdie contre l'honneur et le repos d'une créature si innocente, que c'est presque un péché de songer à elle quand on se trouve sous le même toit que ces infames scélérats. Il faut que je retrouve ces lettres à tout risque. Mais de quelle manière? C'est à quoi il faut réfléchir. Lance-Outram est entreprenant et fidèle; et, quand on est une fois déterminé à faire un coup de hardiesse, les moyens ne manquent jamais pour l'exécuter.

L'hôte entra en ce moment, et, après s'être excusé de sa longue absence et lui avoir offert quelques rafraichissemens, il l'invita à établir son quartier-général pour la nuit dans un grenier de foin situé dans une autre partie de la maison, et qu'il partagerait avec son camarade; ajoutant qu'il s'était décidé à lui faire cette politesse d'après les admirables talens que Lance-Outram avait déployés au comptoir, où il parait probable, à la vérité, que lui et l'hôte qui l'admirait avaient bu presque autant de liqueur qu'ils en avaient tiré.

Mais Lance-Outram était comme un vase bien vernissé sur lequel aucune liqueur ne fait une impression durable; de sorte que lorsque Peveril éveilla ce fidèle serviteur au point du jour, il lui trouva tout le sang-froid nécessaire pour comprendre le projet qu'il avait formé de se remettre en possession des lettres qu'on lui avait dérobées, et pour y prendre part.

Ayant écouté avec beaucoup d'attention tout ce que son maître lui dit à ce sujet, Lance se frotta les épaules, se gratta la tête, et exprima enfin la résolution magnanime qu'il venait de former.

— Ma tante avait raison, dit-il, de citer le vieux proverbe :

Qui veut servir un Peveril,
Ne doit redouter nul péril

Et elle avait coutume de dire aussi que, toutes les fois qu'un Peveril était sur le gril, un Outram se trouvait dans la poêle. Ainsi donc, je vous prouverai que je ne suis pas dégénéré, et je vous servirai comme mes pères ont servi les vôtres pendant quatre générations et plus.

— C'est parler en brave, Outram, répondit Julien, et si nous étions débarrassés de ce freluquet de lord et de sa suite, nous viendrions aisément à bout des trois autres.

— Deux habitans de Londres et un Français, dit Lance-Outram; je m'en chargerais tout seul. Et quant à lord Saville, comme on l'appelle, j'ai entendu dire la nuit dernière que lui et tous ses gens de pain d'épice doré, qui regardaient un honnête homme comme moi comme s'ils eussent été le pur métal et que je n'eusse été que le rebut, devaient partir ce matin pour aller aux courses ou aux joutes de Tutberry. C'est ce qui les a amenés ici, où ils ont rencontré par hasard cet autre chat musqué.

Dans le fait, tandis qu'il parlait ainsi, on entendit un bruit de chevaux dans la cour; et d'une lucarne de leur grenier ils virent les domestiques de lord Saville rangés en bon ordre, et prêts à partir dès qu'il paraîtrait.

— Oh, oh! maître Jérémie, dit l'un d'eux à une espèce de domestique principal, il paraît que le vin a servi de narcotique à milord cette nuit?

— Pas du tout, répondit Jérémie; il était debout avant le jour, et a écrit des lettres pour Londres; et, pour te punir de ton irrévérence, Jonathan, c'est toi qui seras chargé de les y porter.

— Pour me faire manquer les courses! dit Jonathan

avec humeur; je vous remercie de ce bon office, Jérémie, mais que le diable m'emporte si je l'oublie.

Cette discussion fut interrompue par l'arrivée du jeune lord, qui, en sortant de l'auberge, dit à Jérémie:
— Voici les lettres; qu'un de ces drôles coure à Londres comme s'il s'agissait de la vie ou de la mort, et qu'il les remette à leur adresse. Vous autres, montez à cheval, et suivez-moi.

Jérémie remit le paquet à Jonathan avec un sourire malicieux, et le domestique mécontent tourna la tête de son cheval du côté de Londres, avec un air d'humeur, tandis que lord Saville et le reste de ses gens partaient au grand trot du côté opposé, suivis des bénédictions de l'hôte et de toute sa famille, qui étaient à la porte multipliant les saluts et les révérences, sans doute par reconnaissance du paiement d'un écot plus que raisonnable.

Ce ne fut que trois grandes heures après leur départ que Chiffinch entra dans la salle où il avait soupé la veille. Il était en robe de chambre de brocard, et avait sur la tête un bonnet de velours vert, garni des plus belles dentelles de Bruxelles. Il n'était qu'à demi éveillé, et ce fut d'une voix semblable à celle d'un homme qui sort d'une léthargie, qu'il demanda un verre de petite bière. Son air et tout son extérieur se ressentaient des sacrifices nombreux qu'il avait faits la veille à Bacchus, et prouvaient qu'il était à peine remis des fatigues de sa lutte contre ce dieu. Lance-Outram, à qui son maître avait recommandé de surveiller tous les mouvemens de Chiffinch, s'offrit officieusement à l'hôte pour porter le breuvage rafraîchissant, lui alléguant pour prétexte qu'il serait charmé de voir un seigneur de Londres en robe de chambre et en bonnet.

Dès que Chiffinch eut vidé le verre qui lui était présenté, il demanda où était lord Saville.

— Sa Seigneurie est partie à la pointe du jour, répondit Lance-Outram.

— Comment diable! eh! mais, c'est tout au plus si cela est honnête. Quoi! parti pour les courses avec toute sa suite?

— A l'exception d'un de ses gens qu'il a renvoyé à Londres pour y porter des lettres.

— Pour porter des lettres à Londres! il savait que j'y allais, et il aurait pu m'en charger. Un moment! un moment! je commence à me rappeler..... Diable! serait-il possible que j'eusse bavardé? Oui, oui, j'ai bavardé; je me souviens de tout à présent; j'ai bavardé, et en présence de l'homme qui est à la cour une véritable belette, pour sucer le jaune des secrets des autres. Mort et furie! Faut-il que mes soirées détruisent ainsi l'ouvrage de mes matinées? Pourquoi faut-il que je m'avise d'être bon compagnon sans réserve en buvant, de faire des confidences et de chercher querelle, d'avoir des amis et des ennemis; comme si l'on pouvait avoir de plus grand ami ou de plus grand ennemi que soi-même! Il ne faut pourtant pas que son messager arrive; je mettrai un bâton dans la roue. Eh! garçon! fais venir mon jockey, appelle Tom Beacon.

Lance-Outram obéit, mais, après avoir fait entrer le jockey, il resta dans l'appartement pour écouter ce qui allait se passer entre le maître et le valet.

— Tom, dit Chiffinch, voici cinq pièces d'or pour vous.

— Et qu'y a-t-il à faire maintenant? demanda Tom sans même se donner la peine de remercier son maître, parce qu'il savait que cette cérémonie ne serait pas reçue en paiement de la dette qu'il contractait.

— Montez à cheval, Tom, et courez comme si le diable vous emportait. Il faut rejoindre le domestique que lord Saville a envoyé à Londres ce matin, estropier son cheval, lui rompre les os, le soûler comme s'il avait bu la mer Baltique; en un mot, d'une manière ou d'une autre, l'empêcher de continuer son voyage. Hé bien, stupide que vous êtes, pourquoi ne me répondez-vous pas?

— Sans doute, sans doute, je vous entends, et je crois qu'il en est de même du brave homme que voilà, qui n'avait peut-être pas besoin d'en entendre tant, à moins que ce ne soit votre intention.

— Il faut que je sois ensorcelé ce matin, se dit Chiffinch à lui-même, ou que ce champagne me trotte encore dans la tête. Mon cerveau est devenu comme les marais de Hollande: un verre de vin suffirait pour y produire une inondation. Approche, drôle, et écoute-moi, dit-il à Lance. C'est que lord Saville et moi nous avons fait une gageure à qui ferait parvenir le premier une lettre à Londres. Voici de quoi boire à ma santé et à ma bonne fortune. N'en sonne mot à personne, et aide Tom à brider son cheval..... Tom, avant de partir, viens chercher tes lettres de créance; je te donnerai une lettre pour le duc de Buckingham, afin de prouver que tu es arrivé le premier dans la capitale.

Tom Beacon salua en plongeon, et se retira. Lance-Outram, après l'avoir aidé, ou avoir fait semblant de l'aider à brider son cheval, s'empressa d'aller porter à son maître la bonne nouvelle qu'un heureux accident venait de réduire la suite de Chiffinch à un seul homme.

Peveril ordonna aussitôt qu'on préparât ses chevaux, et, dès que Tom Beacon fut sur la route de Londres au grand galop, il eut la satisfaction de voir Chiffinch et son favori Chaubert monter à cheval et choisir le même chemin, mais d'un pas plus modéré. Il les laissa prendre assez d'avance pour pouvoir les suivre sans se rendre suspect; après quoi, ayant payé son écot, il monta à cheval, et les suivit en ayant soin de ne pas les perdre de vue, jusqu'à ce qu'ils arrivassent à quelque endroit favorable à l'entreprise qu'il méditait.

L'intention de Peveril avait été d'accélérer peu à peu le pas, quand ils arriveraient dans quelque partie solitaire de la route, jusqu'à ce qu'ils atteignissent Chaubert. Alors Lance-Outram resterait en arrière pour attaquer le monarque des broches et des casseroles, tandis que lui-même il pousserait en avant pour tomber sur Chiffinch. Mais ce projet supposait que le maître et le valet voyageaient à la manière ordinaire, c'est-à-dire celui-ci toujours à quelques pas derrière le premier. Ce fut ce qui n'arriva point. Les sujets de discussion entre Chiffinch et le cuisinier français étaient si intéressans, que sans aucun égard pour les lois de l'étiquette ils marchaient amicalement côte à côte, se livrant à une conversation sur les mystères de la table, que le vieux Comus ou un gastronome moderne auraient pu écouter avec plaisir. Il devenait donc nécessaire de les attaquer tous deux en même temps.

Ayant ainsi changé leur projet, sitôt qu'ils virent devant eux une grande étendue de terrain qui n'offrait pas la moindre apparence d'hommes, d'habitations, ni même d'animaux, ils commencèrent à accélérer le pas de leurs montures, mais graduellement, et sans affectation, de manière à pouvoir atteindre ceux qu'ils poursuivaient, sans leur donner l'alarme. Ils diminuèrent ainsi peu à peu la distance qui les séparait, et ils en étaient environ à cinquante pas, lorsque Peveril, craignant que Chiffinch ne le reconnût quand il en serait plus près, donna à son compagnon le signal de l'attaque.

Au bruit que firent les chevaux en prenant le galop, Chiffinch se retourna; mais il n'eut pas le temps d'en faire davantage, car Lance-Outram, qui avait fait sentir l'éperon à son cheval, beaucoup meilleur que celui de son maître, se jeta sans cérémonie entre le courtisan et le cuisinier, et avant que Chaubert eût pu faire autre chose que proférer une exclamation, il renversa le cavalier et même le cheval. L'interjection *morbleu!* sortit alors de la bouche de l'artiste français, roulant sur la poussière du grand chemin, au milieu de tous les ustensiles de son métier, qu'il portait derrière lui, dans une espèce de sac qui s'était ouvert en tombant; Lance-Outram sauta à bas de son cheval, et commanda à son ennemi de rester couché à terre, sous peine de mort au moindre mouvement.

Avant que Chiffinch eût pu tirer vengeance de l'affront fait à son fidèle serviteur, Peveril saisit d'une main la bride de son cheval, lui présenta un pistolet de l'autre, et s'écria : Arrêtez, ou vous êtes mort!

Chiffinch, malgré son caractère efféminé, n'était pas absolument lâche. — Coquin, dit-il à Julien, vous m'avez attaqué par surprise, sans quoi..... Si vous êtes un voleur, voici ma bourse; ne nous faites pas de mal, et respectez nos épices et nos sauces.

— M. Chiffinch, répondit Peveril, ce n'est pas le moment de plaisanter. Je ne suis point un voleur, je suis un homme d'honneur. Rendez-moi le paquet que vous m'avez dérobé l'autre nuit, ou, de par le ciel, je vous enverrai dans la poitrine une couple de balles.

— Quelle nuit? Quel paquet? demanda Chiffinch tout interdit, mais cherchant à gagner du temps dans l'espoir qu'il lui arriverait du secours, ou que Peveril serait un instant en défaut. — Je ne sais ce que vous voulez dire. Si vous êtes un homme d'honneur, dégaînons, et je vous ferai raison.

— Vous ne m'échapperez pas ainsi, homme sans honneur, s'écria Peveril. Vous m'avez volé quand vous aviez l'avantage sur moi; à présent que je l'ai sur vous à mon tour, je ne serai pas assez fou pour n'en pas profiter. Rendez-moi mon paquet, après quoi, si vous le voulez, je vous combattrai à armes égales. Mais rendez-moi mon paquet à l'instant, répéta-t-il, ou je vous envoie dans un lieu où votre conduite ne vous promet pas une réception favorable.

Sa voix menaçante, son œil étincelant, et surtout le pistolet qu'il tenait à quelques pouces de la poitrine de Chiffinch, convainquirent celui-ci qu'il n'avait pas de compromis à espérer, et que l'affaire était très-sérieuse. Il mit donc la main dans une poche de côté de son habit, et en tira, avec un air de répugnance marquée, les dépêches que la comtesse de Derby avait confiées à Julien.

— Il m'en faut cinq, dit Julien, et vous ne m'en

rendez que quatre. Votre vie dépend d'une restitution pleine et entière. Où est la cinquième?

— Elle m'a glissé entre les doigts, répondit Chiffinch en lui présentant la pièce qui manquait; la voici. Maintenant vous avez tout ce que vous désirez, à moins que vous n'ayez dessein d'y ajouter le meurtre ou le vol.

— Misérable! s'écria Peveril en baissant son pistolet, mais en suivant des yeux tous les mouvemens de Chiffinch, tu ne mérites pas qu'un homme honnête se mesure avec toi; et cependant tire l'épée, si tu l'oses, et je consens à te combattre à armes égales.

— A armes égales! répéta Chiffinch d'un ton de dérision. Jolie égalité! une bonne épée et des pistolets contre une petite rapière, et deux hommes contre un, car Chaubert ne se bat point. Non, monsieur, non, je chercherai une occasion plus favorable, et nous aurons des armes plus égales.

— La calomnie ou le poison, sans doute! vil agent d'infamie, dit Julien; ce sont là tes moyens de vengeance. Mais fais bien attention à ce que je vais te dire. Je connais tes projets infernaux contre une jeune personne dont le nom est trop respectable pour être répété en ta présence. Tu m'as fait une injure, et tu vois que j'ai su me venger. Poursuis cet autre projet abominable, et je te promets de t'écraser comme un reptile impur et venimeux. Tu peux y compter, comme si Machiavel l'avait juré; car si tu persistes dans ce dessein, bien certainement je t'en punirai. Suis-moi, Lance-Outram, et laissons ce misérable réfléchir à ce que je viens de lui dire.

La part que Lance-Outram avait eue dans cette rencontre, après le premier choc, n'avait pas été considérable; car tout ce qu'il avait eu à faire avait été de diriger le manche de son fouet, comme si c'eût été un fusil, vers le cuisinier intimidé, qui, étendu sur le dos, et levant les yeux au ciel, n'avait pas plus le pouvoir ou la volonté de faire résistance, qu'un cochon de lait sur la gorge duquel il aurait lui-même appuyé le couteau.

Son maître l'ayant relevé de la tâche peu difficile de garder un pareil prisonnier, Lance remonta à cheval, et tous deux partirent, laissant leurs ennemis se consoler de leur mésaventure comme ils le pourraient. Mais ils avaient, en cette circonstance, peu de sujets de consolation. L'artiste français avait à se lamenter sur la dispersion de ses épices, et la destruction des fioles contenant ses sauces. Un enchanteur dépouillé de sa baguette et de ses talismans aurait à peine été réduit à une extrémité plus désespérante.

Chiffinch avait à regretter la découverte prématurée d'une intrigue qui allait probablement être déconcertée.

— Du moins, pensa-t-il, je n'ai point bavardé avec ce coquin. C'est mon mauvais génie seul qui m'a trahi. Je n'ai rien à reprocher au champagne pour cette infernale découverte qui peut me coûter si cher sous tous les rapports. Aussi donc s'il en reste un flacon qui ne soit pas cassé, je le boirai après le dîner, et je verrai s'il ne peut me suggérer quelque nouveau moyen de réussir, ou du moins de me venger.

Tout en formant cet honnête projet, il continua son chemin vers Londres.

CHAPITRE XXVIII.

―――

« C'était un vrai Protée, un homme universel.
» Dans ses opinions il était sans appel,
» Mais aucune n'etait de bien longue durée,
» Car il ne voulait rien que par échauffourée.
» On le vit, en un mois, joueur de violon,
» Littérateur, chimiste, homme d'état, bouffon ;
» Mais il était surtout grand amateur des belles.
» Il jouait, il buvait, il dessinait pour elles ;
» Et maint autre caprice, arrivant tour à tour,
» En lui prenait naissance et mourait en un jour. »

J Dryden. *Absalon et Architopel*, partie I.

Il faut maintenant que nous transportions nos lecteurs à l'hôtel magnifique qu'occupait à cette époque dans la rue de..... le célèbre Georges Villiers, duc de Buckingham, à qui Dryden a donné une triste immortalité par les vers (1) que nous avons placés en tête de

(1) Le duc de Buckingham est désigné dans *Absalon et Architopel*, sous le nom de Zimri. Plusieurs autres personnages histo-

ce chapitre. Parmi les courtisans élégans et licencieux qui composaient la cour joyeuse de Charles II, il était le plus licencieux comme le plus élégant. Cependant, tandis qu'il compromettait une fortune de prince, une excellente constitution et des talens du premier ordre pour se procurer de frivoles plaisirs, il ne cessait de concevoir des desseins plus profonds et plus étendus; s'il ne réussit pas, c'est qu'il lui manquait ce but fixe et cet esprit constant de persévérance, choses si essentielles dans toute grande entreprise, et surtout en politique.

Il était plus de midi, et depuis long-temps était passée l'heure habituelle du lever du duc, si l'on peut dire que quelque chose fût habituel chez un homme si irrégulier en tout. Son vestibule était plein de laquais revêtus des plus splendides livrées. Dans les appartemens intérieurs étaient rangés les pages et les gentilshommes de sa maison, habillés comme les gens de la première distinction, et égalant, ou pour mieux dire surpassant, sous ce rapport, la splendeur personnelle du duc lui-même; mais son antichambre surtout aurait pu être comparée à un rassemblement d'aigles autour de leur proie, si cette comparaison n'était pas d'un genre trop relevé pour désigner cette race méprisable qui, par mille moyens tendant au même but, vit des besoins d'une grandeur nécessiteuse, fournit aux plaisirs d'un luxe auquel rien ne coûte, et excite les désirs insensés d'une prodigalité extravagante, en imaginant de nouveaux moyens et de nouveaux motifs de profu-

---

riques du roman, tels que Titus Oates, etc., sont peints avec le même bonheur dans ce chef-d'œuvre de la satire politique en Angleterre — Éd.

sion. On y voyait l'homme à projets, à l'air mystérieux, promettant des richesses sans bornes à quiconque voudrait lui fournir préalablement la petite somme nécessaire pour changer en *or* des coquilles d'œufs ; à son côté se tenait le capitaine Seagull (1), entrepreneur d'une colonie, portant sous le bras la carte des royaumes de l'Inde ou de l'Amérique, beaux comme Eden aux premiers jours du monde, et n'attendant plus que les colons aventureux pour qui un généreux patron voudrait équiper deux brigantins et une flûte ; il était facile de reconnaître des joueurs de toute espèce ; celui-ci, jeune, léger, gai en apparence, fils du plaisir et de l'inconséquence, plutôt dupe que fripon, mais au fond du cœur aussi fin, aussi rusé, aussi calculateur de sang-froid que ce vieux professeur de la même science, à l'air réfléchi, dont les yeux s'étaient affaiblis à force de suivre les dés pendant la nuit, et dont les doigts agiles savaient aider au besoin les calculs de son talent. Les beaux-arts aussi, je le dis avec peine, avaient leurs représentans parmi ce groupe sordide. Le pauvre poète à demi honteux, en dépit de l'habitude, du rôle qu'il allait jouer, et rougissant autant du motif qui l'amenait que de son vieil habit noir rapé, se cachait dans un coin, en attendant le moment favorable pour présenter sa dédicace ; l'architecte, plus élégamment vêtu, préparait le plan de la façade et des deux ailes d'un nouveau palais, vision splendide qui, en se réalisant, pouvait conduire à l'hôpital celui qui s'y livrerait. Mais au premier rang on distinguait le musicien et le chanteur favoris, qui venaient recevoir en or bien sonnant

---

(1) *Goeland.*

le prix des doux accords qu'ils avaient fait entendre au banquet de la nuit précédente.

Tels étaient, avec beaucoup d'autres personnages analogues, les êtres qui se rassemblaient le matin chez le duc de Buckingham, tous véritables descendans de la fille de la Sangsue, qui ne connaissait d'autre cri que *donnez! donnez* (1) *!*

Mais le lever de Sa Grace présentait des personnages tout différens, et qui offraient autant de variété que ses goûts et ses opinions. Outre un grand nombre de jeunes gens nobles ou riches, qui faisaient du duc le miroir d'après lequel ils se costumaient pour la journée, et qui apprenaient de lui à se diriger avec la meilleure grace et selon la mode dans le *chemin de la ruine* (2), on y voyait des personnages d'un caractère plus grave, des hommes d'état disgraciés, des espions politiques, des orateurs du parti de l'opposition, des instrumens serviles du gouvernement, gens qui ne se rencontraient jamais ailleurs, mais qui regardaient la demeure du duc comme une espèce de terrain neutre, certains que, s'il n'était pas de leur avis aujourd'hui, il n'en était que plus probable que demain il penserait comme eux. Les puritains eux-mêmes ne se faisaient pas scrupule d'avoir des liaisons avec un homme que ses talens auraient rendu formidable quand même il n'y aurait pas joint un rang élevé et une fortune immense. Plusieurs graves personnages en habit noir écourté, et portant

---

(1) Cette métaphore biblique, empruntée à l'Ecclésiaste, est très-souvent employée dans les auteurs anglais. — Éd.

(2) *Road to ruin;* ces mots sont devenus depuis le titre d'une comédie où l'on voit *Misère et Vanité*. — Éd.

une fraise d'une coupe particulière, étaient mêlés, comme les portraits d'une galerie de tableaux, à des élégans vêtus en soie et couverts de broderies. Il est vrai qu'ils évitaient de donner le scandale de passer pour amis du duc, car on supposait qu'ils ne venaient chez lui que pour des affaires d'argent. Ces graves et religieux personnages mêlaient-ils la politique aux emprunts? c'était ce que personne ne pouvait savoir; mais on avait remarqué que les juifs, qui en général se bornent au dernier de ces deux métiers, étaient depuis quelque temps fort assidus au lever du duc.

Il y avait foule dans l'antichambre, depuis plus d'une heure, lorsque le gentilhomme de service, se hasardant d'entrer dans la chambre à coucher, dont tous les volets étaient assez exactement fermés pour y produire l'obscurité de minuit à midi, se présenta pour prendre les ordres de Sa Grace. D'une voix douce et flûtée, il demanda si le bon plaisir de milord-duc était de se lever. Une voix aigre lui répondit d'un ton bref:

— Qui est là? Quelle heure est-il?

— C'est Jerningham, milord; il est une heure, et vous avez donné rendez-vous pour onze heures à des gens qui attendent là-bas.

— Qui sont-ils? Que me veulent-ils?

— Il y a un messager de Whitehall, milord.

— Bah! il peut attendre. Ceux qui font attendre les autres doivent avoir la patience d'attendre à leur tour. Si je devais être coupable d'impolitesse, j'aimerais mieux l'être à l'égard d'un roi qu'envers un mendiant.

— Il y a aussi des gens de la Cité.

— Ils m'ennuient. Je suis las de leur ton hypocrite sans religion; de leur protestantisme sans charité:

dites-leur de se rendre chez Shaftesbury. Qu'ils aillent dans Aldersgate-Street, c'est le marché qui convient a leurs denrées.

— Le jockey de Newmarket, milord.

— Qu'il monte sur le diable. Il a un cheval à moi, et des éperons à lui. Est-ce tout?

— L'antichambre est pleine, milord; des chevaliers, des écuyers, des docteurs, des joueurs.....

— Les joueurs ayant les docteurs dans leurs poches, je présume !

— Des comtes, des capitaines, des membres du clergé.

— Vous prenez le goût de l'allitération (1), Jerningham. C'est une preuve que vous avez le génie poétique. Préparez-moi ce qu'il me faut pour écrire.

Sortant à moitié du lit, passant un bras dans une robe de chambre de brocard garnie d'une riche fourrure, plaçant un pied dans une pantoufle de velours, tandis que l'autre, dans sa nudité primitive, pressait un beau tapis, le duc, sans penser un instant à ceux qui l'attendaient, se mit à écrire quelques vers d'un poëme satirique; mais, s'arrêtant tout à coup, il jeta sa plume dans la cheminée, en s'écriant que le moment de verve était passé. Il demanda ensuite s'il y avait quelques lettres pour lui. Jerningham lui en présenta un gros paquet.

— Diable ! dit le duc. Vous imaginez-vous que je lirai tout cela? Je suis comme Clarence (2), qui demandait

---

(1) Le duc attribue à cette figure les trois mots qu'a prononcés Jerningham, et qui en anglais commencent en effet par la même lettre, C.: *Counts*, *Captain's*, *Clergyms*. — Éd.

(2) Dans le *Richard III* de Shakspeare. — Éd.

un verre de vin, et qui fut noyé dans un tonneau de Malvoisie. Y a-t-il là quelque chose qui presse?

— Cette lettre, milord, est relative à l'hypothèque prise sur votre domaine du comté d'York.

— Ne vous ai-je pas dit de la remettre à mon intendant?

— C'est ce que j'ai fait, milord; mais Gathevall dit qu'il y a des difficultés.

— Eh bien! que les usuriers en prennent possession; et alors il n'y en aura plus. Sur une centaine de domaines je m'apercevrai à peine que j'en ai un de moins. — Apportez-moi mon chocolat.

— Gathevall ne parle pas d'impossibilité, milord; il dit seulement que les difficultés...

— Et qu'ai-je besoin de lui, s'il ne peut les aplanir? Mais vous êtes tous nés pour me présenter des difficultés.

— Si Votre Grace approuve les conditions contenues en cet écrit, et s'il lui plait de le signer, Gathevall assure qu'il arrangera l'affaire.

— Et vous ne pouviez me dire cela plus tôt, ignorant que vous êtes! s'écria le duc tout en signant l'écrit sans même y jeter les yeux. Quoi! encore des lettres! Souvenez-vous que je ne veux plus être ennuyé d'affaires.

— Ce sont des billets doux, milord: il n'y en a que cinq ou six. Celui-ci a été laissé chez le portier par une femme masquée.

— Au diable! dit le duc en le jetant avec dédain pendant que Jerningham l'aidait à s'habiller; c'est une connaissance de trois mois.

— Celui-ci a été remis à un des pages de Votre Grace par la femme de chambre de lady.....

— Que la fièvre la serre! Une jérémiade sur le parjure et la perfidie.....! un vieil air sans paroles nouvelles.... Voyons pourtant. Justement! — *Homme cruel..., sermens rompus..., la juste vengeance du ciel...!* — Cette femme pensait à un meurtre en m'écrivant, et non à l'amour. On ne devrait pas s'aviser d'écrire sur un sujet si usé, sans avoir du moins quelque chose de nouveau dans l'expression. — *Amarinte au désespoir.* — Adieu, belle désespérée..... Et celui-ci, d'où vient-il?

— Il a été jeté par la fenêtre du vestibule par un grand drôle qui s'est enfui à toutes jambes.

— Le texte en est meilleur, et cependant c'est encore une vieille affaire qui date au moins de trois semaines. La petite comtesse au mari jaloux; je n'en donnerais pas un farthing sans ce jaloux de mari. Que la peste l'étouffe! — *Ce soir en silence et en toute sûreté. Écrit avec une plume arrachée de l'aile de Cupidon.* — Parbleu, comtesse, vous lui en avez laissé assez pour qu'il s'envole. Vous auriez mieux fait de les lui arracher toutes pendant que vous le teniez. — *Pleine de confiance en la constance de son Buckingham.* — Je déteste la confiance dans une jeune personne. Il faut lui apprendre à vivre : je n'irai point.

— Votre Grace ne sera pas si cruelle.

— Vous avez le cœur compatissant, Jerningham, mais il faut punir la présomption.

— Mais si la fantaisie de Votre Grace pour elle venait à renaître?

— En ce cas vous jureriez que le billet doux s'est égaré..... Un moment! il me vient une pensée. Il faut qu'il s'égare véritablement et avec éclat. Écoutez-moi : ce poète..... comment se nomme-t-il donc? Est-il là-bas?

— J'en ai compté six! milord, qui, d'après les rames de papier dont leurs poches sont rembourrées, et à en juger par les coudes de leurs habits, paraissent porter la livrée des muses.

— Encore du style poétique, Jerningham. Je veux dire celui qui a composé la dernière satire.

— A qui Votre Grace a dit qu'elle devait cinq pièces d'or et une bastonnade?

— Précisément. L'argent pour sa satire et la bastonnade pour ses éloges. Trouvez-le, donnez-lui les cinq pièces d'or, et lâchez-lui le billet doux de la comtesse. Un moment! Prenez aussi celui d'Araminte et tous les autres, et remettez-les lui également. Qu'il les mette tous dans son portefeuille. Ils en sortiront au café de Will (1), et si celui qui les montrera ne prend pas sous le bâton toutes les couleurs de l'arc-en-ciel, on ne peut compter ni sur le dépit d'une femme, ni sur la dureté du pommier et du chêne. La rage d'Araminte seule serait un fardeau trop pesant pour les épaules d'un simple mortel.

— Mais songez, milord, que ce Settle (2) est un coquin si stupide que rien de ce qu'il peut écrire ne pourra prendre dans le monde.

— Eh bien! nous lui avons donné de l'acier pour armer la flèche, nous lui donnerons des plumes pour la

---

(1) Café des beaux-esprits du temps très-fréquenté de Dryden, d'Etheredge, etc., etc. — ÉD.

(2) Elkanal-Settle, poète dramatique opposé à Dryden par les ennemis de ce dernier. Voyez la *Vie de Dryden*, par sir Walter Scott. — ÉD.

garnir; et, quant au bois, il trouvera sur sa tête de quoi le faire. Donnez moi ma satire commencée; vous la lui remettrez avec le reste, qu'il fasse du tout ce qu'il pourra.

— Je vous demande pardon, milord, mais le style de Votre Grace se reconnaîtra; et, quoique toutes ces belles dames n'aient pas mis leurs noms au bas de leurs lettres, il est probable qu'on le découvrira.

— C'est précisément ce que je désire, tête sans cervelle! Avez-vous vécu avec moi si long-temps sans savoir que l'éclat qu'amène une intrigue est pour moi tout ce qui en fait le prix?

— Mais le danger, milord. Il y a des pères, des maris, des frères dont le courroux peut s'éveiller.

— Et se rendormir à force de coups, dit Buckingham avec hauteur. J'ai Blackwill et son bâton à mon service pour les grondeurs plébéiens, et quant à ceux d'un rang distingué, je m'en charge. J'ai besoin d'exercice depuis quelque temps, je puis à peine respirer.....

— Mais cependant, milord...

— Paix! vous dis-je, fou que vous êtes! Je vous dis que votre esprit nain ne peut mesurer la hauteur du mien. Je vous dis que je voudrais que le cours de ma vie fût un torrent. Je suis las de victoires trop faciles : je désire rencontrer des difficultés dont je puisse triompher par ma force irrésistible.

Un autre gentilhomme du duc entra en ce moment dans sa chambre.

— Je demande humblement pardon à Votre Grace, dit-il; mais M. Christian demande avec tant d'importunité à vous parler sur-le-champ, que je suis obligé de venir prendre vos ordres.

— Dites-lui de revenir dans trois heures. Au diable le cerveau politique qui voudrait faire danser le monde sur l'air qu'il compose !

— Je vous remercie du compliment, milord, dit Christian en entrant dans l'appartement, vêtu un peu plus en courtisan, mais ayant le même air sans prétention, la même tournure négligée, le même ton d'indifférence et de calme, que lorsqu'il avait rencontré Julien Peveril en plusieurs occasions pendant que celui-ci se rendait à Londres. Mon but en ce moment est précisément de vous faire de la musique, et Votre Grace pourra en profiter pour danser, si bon lui semble.

— Sur ma parole, M. Christian, dit le duc avec hauteur, il faut qu'il s'agisse d'une affaire importante pour qu'elle puisse bannir ainsi tout cérémonial entre nous. Si elle a rapport au sujet de notre dernière conversation, je dois vous prier de remettre notre entretien à une autre occasion, car j'ai en ce moment une affaire qui exige toute mon attention.

Tournant alors le dos à Christian, il reprit son entretien avec Jerningham. — Cherchez l'homme que vous savez, remettez-lui ces papiers, et donnez-lui cet argent pour payer le bois de la flèche, puisque nous l'avons déjà muni du fer et des plumes.

— Tout cela est fort bien, milord, dit Christian d'un air calme, en s'asseyant sur un fauteuil à quelque distance ; mais la légèreté de Votre Grace ne peut tenir tête à mon égalité d'ame. Il est nécessaire que je vous parle, et j'attendrai le loisir de Votre Grace dans cet appartement.

— Fort bien ! répliqua le duc avec humeur ; quand

un mal est inévitable, il faut s'en débarrasser le plus tôt possible.

— Je puis prendre des mesures pour empêcher que cela ne se renouvelle.

— Voyons, monsieur, voyons sans délai ce que vous avez à me dire.

— J'attendrai que la toilette de Votre Grace soit finie, répondit Christian du ton d'indifférence qui lui était naturel; ce que j'ai à vous dire exige que nous soyons seuls.

— Retirez-vous, Jerningham, mais ne vous éloignez pas, et attendez que je vous appelle. — Mettez ma veste sur ce sopha. — Comment! encore cette veste de drap d'argent! Je l'ai déjà portée cent fois.

— Deux fois seulement, milord, dit Jerningham d'un ton de soumission.

— Deux fois, vingt fois, répliqua le duc, n'importe! Prenez-la pour vous, ou donnez-la à mon valet de chambre, si vous pensez que ce soit déroger à votre noblesse.

— Votre Grace a fait porter ses habits de rebut à de plus grands personnages que moi, dit Jerningham.

— Vous êtes malicieux, Jerningham. — Dans un sens, cela est vrai, et cela peut arriver encore. — A la bonne heure, cette veste couleur de perles ira parfaitement avec le ruban et la jarretière. — Allez-vous-en à présent.

— Eh bien, M. Christian, le voilà parti! Puis-je vous demander encore une fois ce que vous avez à me dire?

— Milord, répondit Christian, vous aimez les difficultés dans les affaires d'état comme dans celles d'amour.

— J'espère, M. Christian, que vous n'avez pas écouté

aux portes. Cela ne prouverait pas beaucoup de respect pour moi ni pour ma maison.

— Je ne sais ce que vous voulez dire, milord.

— Peu m'importe, au surplus, que tout l'univers sache ce que je disais à Jerningham il n'y a qu'un moment. Mais arrivons à l'affaire dont il s'agit.

— Votre Grace est tellement occupée des victoires qu'elle remporte sur les belles et sur les gens d'esprit, que vous avez peut-être oublié l'intérêt que vous avez dans la petite île de Man ?

— Nullement, M. Christian ; je me rappelle parfaitement que ma Tête-Ronde de beau-père, Fairfax, avait obtenu du long parlement la concession de cette île, et qu'il fut assez sot pour la lâcher à la restauration, au lieu que, s'il avait serré les griffes en véritable oiseau de proie, il l'aurait conservée pour lui et pour les siens. C'eût été une assez jolie chose que d'avoir à moi un petit royaume, d'y promulguer des lois, d'avoir mon chancelier avec ses sceaux et sa masse. Une demi-journée m'aurait suffi pour apprendre à Jerningham à paraître aussi grave, à marcher aussi lourdement, et à parler aussi sottement qu'Harry Bennet.

— Vous auriez pu faire tout cela, et encore plus, si tel eût été le bon plaisir de Votre Grace.

— Oui ; et si c'eût été le bon plaisir de Ma Grace, M. Christian aurait été le jack-ketch (1) de mes domaines.

— Moi, votre jack-ketch, milord ! dit Christian d'un ton qui annonçait plus de surprise que de mécontentement.

---

(1) Nom qu'on donne généralement en Angleterre à l'exécuteur des hautes-œuvres. — ÉD.

— Sans doute ; n'avez-vous pas perpétuellement intrigué contre la vie de cette pauvre vieille dame? Satisfaire votre vengeance de vos propres mains, ce serait pour vous un plaisir de roi.

— Je ne demande que justice contre la comtesse, milord.

— Et la fin de la justice est toujours un gibet.

— Soit! Eh bien, la comtesse est dans la conspiration.

— Que le diable confonde la conspiration, comme je crois qu'il l'a inventée! s'écria le duc. Je n'ai pas entendu parler d'autre chose depuis je ne sais combien de mois. — Si l'on doit aller au diable, je voudrais que ce fût par quelque nouveau chemin, et en bonne compagnie. Je n'aimerais pas à faire ce voyage dans la société d'Oates, de Bedloe, et de tout le reste de cette fameuse nuée de témoins.

— Votre Grace est donc déterminée à renoncer aux avantages qui peuvent lui arriver? Si la maison de Derby tombe en forfaiture, la concession faite à Fairfax, dignement représenté aujourd'hui par la duchesse votre épouse, reprend toute sa force, et vous devenez seigneur souverain de l'île de Man.

— Du chef d'une femme, dit le duc. Mais, en vérité, ma chère moitié me doit quelque indemnité pour avoir vécu pendant la première année de notre mariage avec le vieux Black-Tom, son sombre puritain de père. Autant aurait valu épouser la fille du diable, et tenir ménage avec son beau-père.

— J'en conclus donc, milord, que vous êtes disposé à employer votre crédit contre la maison de Derby?

— Comme elle est illégalement en possession du royaume de mon épouse, elle n'a certainement aucun droit d'attendre des faveurs de ma part. Mais vous savez qu'il existe à Whitehall un crédit bien au-dessus du mien.

— Uniquement parce que vous le voulez bien, milord.

— Et non, non, cent fois non! s'écria le duc, dont ce souvenir excitait la colère. Je vous dis que cette vile courtisane, la duchesse de Portsmouth, s'est mis impudemment dans la tête de me contrarier et de me contre-carrer. Charles m'a regardé d'un air sombre et m'a parlé d'un ton sec devant toute la cour. Je voudrais qu'il sût quel est le mot f de division entre elle et moi; je désirerais seulement qu'il pût s'en douter. Mais je lui arracherai ses plumes, ou je ne me nomme pas Villiers. Une misérable fille de joie française, me braver ainsi! Tu as raison, Christian; nulle passion n'enflamme l'esprit comme l'amour de la vengeance. J'accréditerai la conspiration, ne fût-ce que par dépit contre elle, et je rendrai impossible au roi de soutenir sa maîtresse au rang où il l'a élevée.

En parlant, le duc s'était peu à peu échauffé. Il parcourait sa chambre à grands pas, en gesticulant avec véhemence, comme s'il n'avait eu d'autre objet en vue que de dépouiller la duchesse de son crédit et de sa faveur auprès du roi. Christian sourit intérieurement en le voyant approcher de la situation d'esprit dans laquelle il était très-facile de le mettre, et il garda judicieusement le silence.

Le duc se rapprocha de lui. — Eh bien! sir Oracle, s'écria-t-il, vous qui avez dressé tant de plans pour supplanter cette louve des Gaules, où en sont toutes vos intrigues maintenant? où est cette beauté merveilleuse qui doit fasciner les yeux du souverain au premier aperçu? Chiffinch l'a-t-il vue? Qu'en dit cet excellent critique en beauté et en ragoûts, en femmes et en vin?

— Il l'a vue, et elle a obtenu son approbation. Mais il ne l'a pas encore entendue, et son esprit répond au reste. Je suis arrivé hier avec elle, et je compte lui présenter Chiffinch aujourd'hui à l'instant même de son arrivée, et je l'attends à chaque minute. La seule chose que je craigne, c'est la vertu sauvage de la demoiselle, car elle a été élevée à la mode de nos grand'mères. Nos mères avaient plus de bon sens.

— Quoi! si jeune, si belle, et si difficile! Sur mon ame, vous me présenterez à elle aussi-bien que Chiffinch.

— Pour que Votre Grace la guérisse de son indomptable modestie?

— Je ne veux que lui apprendre à faire valoir son mérite. Les rois n'aiment pas à jouer le rôle d'amoureux transis. Ils aiment qu'on coure le gibier pour eux.

— Avec la permission de Votre Grace, cela ne se peut. *Non omnibus dormio.* Milord connaît cette allusion classique. Si cette jeune fille devient la favorite du souverain, le rang dore la honte et couvre le péché. Mais elle ne baissera pavillon devant personne d'une qualité inférieure à la majesté suprême.

— Imbécile soupçonneur, je ne voulais que plaisanter. Pensez-vous que je voudrais risquer de nuire au succès d'un plan qui doit m'être aussi avantageux que celui que vous avez conçu?

— Milord, dit Christian en souriant et en secouant la tête, je connais Votre Grace aussi bien et peut-être mieux qu'elle ne se connait elle-même. Déranger une intrigue bien concertée par quelque combinaison éclose dans votre cerveau, vous ferait plus de plaisir que de la conduire à une fin heureuse en suivant les plans des autres. Mais Shaftesbury et tous ceux qui y sont intéressés ont résolu de donner au moins beau jeu à notre projet; et, pardon si je vous parle ainsi, nous ne souffrirons pas que votre légèreté et votre inconstance nous suscitent des obstacles.

— Qui? moi, inconstant et léger! vous me voyez ici aussi résolu qu'aucun de vous à renverser la maîtresse, et à faire réussir l'intrigue. Je n'estime la vie que pour ces deux choses. Personne ne peut jouer le rôle d'homme d'affaires comme moi, quand cela me plaît. Rien ne me manque, jusqu'à l'art d'enfiler et d'étiqueter mes lettres. Je suis exact comme un scribe.

— Vous avez reçu une lettre de Chiffinch. Il m'a fait dire qu'il vous avait écrit relativement à différentes choses qui se sont passées entre lui et le jeune lord Saville.

— Oui, oui, dit le duc en cherchant dans ses lettres: je ne la trouve pas sous ma main; j'en connais à peine le contenu. J'étais très-affairé quand elle est arrivée. Mais elle est en sûreté.

— Vous auriez dû agir en conséquence. Le fou s'est laissé soutirer son secret, et il vous engageait à prendre des mesures pour que le messager de lord Saville ne pût arriver jusqu'à la duchesse avec ces dépêches, qui lui découvriraient tout le mystère.

Le duc prit alors l'alarme. Il tira à la hâte le cordon d'une sonnette. Jerningham parut sur-le-champ.

— Où est la lettre que j'ai reçue de M. Chiffinch il y a quelques heures? lui demanda-t-il.

— Si elle n'est point parmi celles qui se trouvent devant Votre Grace, répondit Jerningham, je ne puis vous le dire : je n'en ai pas vu d'autres.

— Vous mentez, drôle! de quel droit vous mêlez-vous d'avoir une mémoire meilleure que la mienne?

— Si Votre Grace veut me permettre de le lui rappeler, elle se souviendra qu'elle a à peine ouvert une lettre cette semaine.

— Vit-on jamais un drôle si impatientant? Il pourrait jouer le rôle de témoin dans la conspiration. Il a détruit ma réputation d'exactitude par sa déposition contradictoire.

— Du moins, dit Christian, les talens et la capacité de Votre Grace restent inattaquables ; et il faut les employer pour vous et pour vos amis. Si je puis vous donner un avis, vous vous rendrez à la cour sur-le-champ, et vous tâcherez d'y préparer adroitement l'impression que nous désirons faire. Si Votre Grace peut prendre les devans et jeter quelques mots en l'air, pour contrecarrer Saville, tout ira bien. Mais surtout donnez de l'occupation à l'oreille du roi; personne n'est autant que vous en état de le faire. Laissez à Chiffinch le soin de captiver son cœur par un objet convenable. — Autre chose maintenant. Il y a un ancien Cavalier, une vieille tête chaude, qui remuerait ciel et terre en faveur de la comtesse de Derby. Il est gardé à vue, et toute la légion de témoins le suit à la piste.

— Eh bien, sus Topham!

— Topham l'a déjà arrêté, milord. Mais il existe en outre un jeune brave, fils dudit Cavalier, élevé dans la famille de la comtesse de Derby, et qu'elle a chargé d'apporter à Londres des lettres adressées au provincial des jésuites et à d'autres personnes.

— Et comment nommez-vous ces deux individus?

— Sir Geoffrey Peveril, du château de Martindale, dans le comté de Derby, et son fils Julien.

— Quoi! s'écria le duc, Peveril du Pic! un vieux Cavalier aussi honorable que quiconque a jamais su jurer, un des braves de Worcester, un homme qu'on trouvait partout où il y avait des coups à donner ou à recevoir! je ne consentirai jamais à sa ruine, Christian. Vos coquins ont pris le change. Il faut les remettre sur la voie à coups de verges; il le faut, et c'est ce qui les attend quand la nation reprendra l'usage de ses yeux.

— En attendant, dit Christian, il est de la dernière importance, pour le succès de notre plan, que Votre Grace se place pour un certain temps entre eux et la faveur du roi. Le jeune homme possède sur la belle une influence que nous ne trouverions guère favorable à nos vues, et d'ailleurs le père de la jeune fille a de ce Julien une aussi haute opinion qu'il puisse en concevoir d'un homme qui n'est pas, comme lui, un imbécile puritain.

— Eh bien! très-chrétien Christian, dit le duc, j'ai entendu vos ordres tout au long. Je tâcherai de boucher tous les terriers qui se trouvent sous le trône, afin que ni le lord, ni le chevalier, ni l'écuyer en question ne puissent en sortir. Quant à la belle, je vous laisse ainsi qu'à Chiffinch le soin de préparer ses hautes destinées, puisqu'on ne veut pas se fier à moi. Adieu, très-chrétien Christian.

Il fixa les yeux sur lui, et s'écria en fermant la porte de l'appartement : — Abominable damné libertin! Mais ce qui est le plus insupportable, c'est de voir le sang-froid insolent du scélérat. Votre Grace fera ceci, Votre Grace daignera faire cela. Je serais une jolie marionnette si je jouais le second rôle ou plutôt le troisième dans une telle intrigue! Non, non. Ils marcheront par le chemin que je voudrai, ou je les arrêterai. En dépit d'eux, je découvrirai cette fille, et je verrai si leur plan parait devoir réussir. Dans ce cas, elle sera à moi, entièrement à moi, avant qu'elle appartienne au roi, et je commanderai à celle qui commandera à Charles.

Il sonna une seconde fois, et Jerningham arriva.

— Jerningham, lui dit-il, faites suivre tous les pas de Christian pendant vingt-quatre heures, en quelque lieu qu'il aille, et découvrez où il va voir une jeune fille nouvellement arrivée à Londres. Vous souriez, maraud?

— Je soupçonnais une nouvelle rivale à Araminte et à la petite comtesse, milord.

— Allez à votre besogne, répondit le duc, et laissez-moi songer à la mienne. Enchaîner à mon char une jolie puritaine, en faire la favorite d'un roi, gagner les bonnes graces de la perle des beautés de l'ouest de l'Angleterre ; c'est là le premier point. Châtier l'impudence de ce métis de l'île de Man, abaisser l'orgueil de madame la duchesse, faire réussir ou avorter une importante intrigue politique, suivant que les circonstances le rendront désirable pour mon honneur et ma gloire ; ce sera le second. Je désirais de l'occupation il n'y a qu'un moment, en voilà bien assez ; mais Buckingham saura diriger sa barque à travers les écueils et au milieu des tempêtes.

CHAPITRE XXIX.

» Oui, le diable lui-même, en mainte conjoncture,
« Pour son propre intérêt peut citer l'Ecriture. »
SHAKSPEARE. *Le marchand de Venise.*

Après avoir quitté la brillante demeure du duc de Buckingham, Christian, plein de ses projets aussi profonds que perfides, prit le chemin de la Cité, et se rendit à la hâte dans une auberge décente tenue par un presbytérien, et où il avait été mandé à l'improviste pour y trouver Ralph Bridgenorth. Sa course ne fut pas inutile. Le major était arrivé de Moultrassie-Hall dans la matinée, et l'attendait avec impatience.

L'inquiétude avait rendu plus sombre son air naturellement lugubre, et à peine si son front se dérida quand, répondant aux questions qu'il lui fit sur sa fille, Christian lui eut donné les renseignemens les plus satisfaisans sur la santé d'Alice, y mêlant avec adresse et sans affectation sur ses charmes et son caractère quelques éloges qui devaient plaire à l'oreille d'un père.

Mais Christian avait trop d'astuce pour appuyer trop long-temps sur ce sujet, quelque agréable qu'il pût être à celui à qui il parlait. Il s'arrêta précisément au point où l'on pouvait supposer qu'un bon parent en avait dit assez.

— La dame chez qui j'ai placé Alice, dit-il, est enchantée de la figure et des manières de ma nièce, et elle nous répond de son bonheur et de sa santé. J'espère que vous n'avez pas assez peu de confiance en votre frère pour être accouru si précipitamment de Moultrassie-Hall, ce qui contrarie le plan que nous avions arrêté de concert, comme si votre présence était nécessaire à la sûreté d'Alice.

— Frère Christian, répondit Bridgenorth, il faut que je voie ma fille; il faut que je voie la dame à qui vous l'avez confiée.

— Et pourquoi? Ne m'avez-vous pas avoué que l'excès d'affection charnelle que vous avez conçue pour votre fille avait été un piège pour votre ame? N'avez-vous pas été plus d'une fois sur le point de renoncer à ces grands desseins qui doivent placer la droiture sur les marches du trône, parce que vous désiriez satisfaire la passion puérile de votre fille pour le fils de votre ancien persécuteur, pour ce Julien Peveril?

— J'en conviens. J'aurais donné, je donnerais encore le monde entier pour serrer ce jeune homme contre mon cœur et l'appeler mon fils. L'esprit de sa mère brille dans ses yeux, et sa démarche majestueuse me rappelle celle de son père quand il venait tous les jours me consoler dans mon affliction, et me dire : — L'enfant va bien.

— Mais ce jeune homme ne veut suivre que ses propres lumières. Il prend pour l'étoile polaire le météore sorti d'un marais fangeux. Ralph Bridgenorth, je te parlerai en ami et avec franchise. Tu ne peux servir en même temps la bonne cause et celle de Baal. Obéis, si tu le veux, à ton affection charnelle; appelle chez toi ce Julien Peveril, donne-lui ta fille pour épouse; mais songe à l'accueil qu'elle recevra de ce vieux et orgueilleux chevalier, aussi fier, aussi indomptable aujourd'hui dans les chaînes, qu'il l'était lorsque l'épée des saints eut triomphé à Worcester. Vois-le rejeter avec mépris ta fille prosternée à ses pieds; vois-le......

— Christian, dit le major en l'interrompant, tu me serres de bien près; mais tu le fais par amitié, mon frère, et je te le pardonne. Alice ne sera jamais exposée au mépris. Mais cette dame, cette amie..... Christian, tu es l'oncle de ma fille; tu es après moi celui qui doit avoir pour elle le plus d'affection et de tendresse; mais tu n'es pas son père; tu ne peux avoir les inquiétudes d'un père; es-tu bien sûr du caractère de la femme à qui tu as confié ma fille ?

— Aussi sûr que du mien; aussi sûr que je le suis que mon nom est Christian et le vôtre Bridgenorth. N'ai-je pas vécu bien des années dans cette ville? ne connais-je pas cette cour? est-il probable qu'on m'en impose? car je ne crois pas que vous puissiez craindre que je veuille vous en imposer?

— Tu es mon frère, tu es la chair et les os de la sainte

que j'ai perdue. Je suis déterminé à mettre toute ma confiance en toi dans cette affaire.

— Tu as raison. Et qui sait quelle récompense le ciel te réserve? Je ne puis regarder Alice sans éprouver le pressentiment qu'une créature si au-dessus des femmes ordinaires est destinée à de grandes choses. L'illustre Judith délivra Béthulie par sa valeur, et les charmes d'Esther en firent la sauvegarde de son peuple dans la terre de captivité quand elle eut trouvé grace aux yeux d'Assuérus.

— Que les desseins du ciel sur elle s'accomplissent! dit Bridgenorth. Mais à présent, dites-moi quels progrès a faits notre grand œuvre.

— Le peuple est las de l'iniquité de cette cour, répondit Christian ; et, si cet homme veut continuer à régner, il faut qu'il appelle à ses conseils des hommes d'une autre trempe. L'alarme excitée par les infernales manœuvres des papistes a rendu aux ames toute leur énergie, et a ouvert tous les yeux sur les dangers de l'État. Lui-même, car il abandonnera son frère et sa femme pour se sauver, il n'est pas éloigné d'un changement de mesure, et quoique nous ne puissions voir tout d'un coup la cour triée, comme le grain l'est par un van, il s'y trouvera assez de gens de bien pour réprimer les méchans, assez d'hommes sages pour forcer à accorder cette tolérance universelle pour laquelle nous avons soupiré comme la vierge soupire pour son bien-aimé. Le temps et l'occasion amèneront une réforme plus complète, et nous effectuerons, sans tirer le glaive du fourreau, ce que nos amis n'ont pu établir sur une fondation solide, même quand le glaive victorieux était entre leurs mains.

— Puisse Dieu nous accorder cette grace! dit Bridgenorth ; car je crois que je me ferais un scrupule de rien faire qui pût encore conduire à une guerre civile; mais j'aspire après les changemens qui pourront arriver d'une manière paisible et légale.

— Oui, ajouta Christian, et qui amèneront avec eux le châtiment sévère que nos ennemis ont mérité depuis si long-temps. Depuis combien de temps le sang de mon frère ne crie-t-il pas vengeance? Cette cruelle Française verra maintenant que ni le laps des années, ni ses puissans amis, ni le nom de Stanley, ni sa souveraineté de Man, ne peuvent arrêter la course persévérante du vengeur du sang. Son nom sera rayé de la liste de nos nobles, et son héritage passera à un autre.

— Frère Christian, dit le major, ne poursuis-tu pas tes ennemis avec trop d'acharnement? Ton devoir, comme chrétien, est de leur pardonner.

— Oui, mais non pas aux ennemis du ciel, non pas à ceux qui ont répandu le sang des saints, s'écria Christian les yeux animés de cette expression qui annonce une soif ardente de vengeance, seule passion qu'on voyait parfois se peindre sur des traits qui semblaient impassibles pour tout autre intérêt. Non, Bridgenorth, continua-t-il, je regarde comme saint ce projet de vengeance; je le considère comme un sacrifice expiatoire pour tout ce que j'ai pu faire de mal dans ma vie. Je me suis soumis à être méprisé par l'orgueilleux; je me suis abaissé jusqu'au rang de serviteur, mais ma fierté n'était pas éteinte; et je me disais : — Si je m'humilie à ce point, c'est pour venger le sang de mon frère.

— Et cependant, frère Christian, quoique je prenne

part à tes projets, quoique je t'aie appuyé de toute mon aide contre cette femme moabite, je ne puis m'empêcher de penser que ta soif de vengeance s'accorde mieux avec les lois de Moïse qu'avec celles de la charité.

— Ce langage te convient à ravir, Ralph Bridgenorth, à toi qui viens de triompher de la ruine de ton ennemi !

— Si vous voulez parler de sir Geoffrey Peveril, je ne triomphe pas de sa ruine. Il était juste qu'il fût abaissé. Je puis humilier son orgueil ; mais, si cela dépend de moi, je ne verrai pas la ruine de sa maison.

— Vous savez ce que vous avez à faire, frère Bridgenorth ; et je rends justice à la pureté de vos principes: mais les hommes qui ne voient que par les yeux du monde ne pourraient apercevoir que peu de merci dans le magistrat sévère, dans le créancier rigoureux qui vient d'agir contre Peveril.

— Frère Christian, s'écria Bridgenorth, dont le visage s'enflammait en parlant ainsi, je ne rends pas moins justice à la prudence de vos motifs, et je ne nie pas l'adresse surprenante avec laquelle vous vous êtes procuré des informations si exactes sur les projets de cette femme d'Ammon. Mais il m'est permis de penser que dans vos relations avec la cour, dans votre politique charnelle et mondaine, vous avez perdu quelque chose de ces dons spirituels qui vous avaient procuré autrefois tant de renommée parmi nos frères.

— Ne le craignez point, répondit Christian reprenant le sang-froid qu'il avait un peu perdu dans cette discussion; travaillons de concert, comme nous l'avons fait jusqu'ici, et j'espère que chacun de nous sera trouvé coopérant, en fidèle serviteur, au triomphe de la bonne cause pour laquelle nous avons autrefois tiré le glaive.

A ces mots, il prit son chapeau, et fit ses adieux à Bridgenorth en lui annonçant l'intention de revenir le voir dans la soirée.

— Adieu, dit le major; tu me trouveras toujours aussi fidèle et aussi dévoué à cette cause. J'agirai d'après tes conseils, et je ne te demanderai même pas, quoique mon cœur paternel en saigne, où est ma fille, et en quelles mains tu l'as confiée. J'essaierai de me couper la main droite, de m'arracher l'œil droit, et de les jeter loin de moi. Quant à toi, Christian, si tu agis en cette affaire autrement que la prudence et l'honneur ne l'exigent, songe que tu en es responsable devant Dieu et les hommes.

— Ne crains rien, dit Christian à la hâte, et il se retira agité par des réflexions peu agréables.

— J'aurais dû le décider à retourner dans le comté de Derby, pensa-t-il dès qu'il fut dans la rue. Sa présence seule en cette ville peut renverser le plan sur lequel est fondée l'élévation future de ma fortune: oui, et de celle de sa fille. Dira-t-on que j'ai causé sa ruine, quand on la verra briller de tout l'éclat qui environne la duchesse de Portsmouth, et qu'elle deviendra peut-être mère d'une race de princes? Chiffinch m'a promis de fournir l'occasion favorable, et sa fortune dépend du soin qu'il prend de satisfaire le goût de son maître pour la variété. Si elle fait impression, l'impression sera profonde, et, une fois maîtresse de son affection, je ne crains pas qu'on la supplante. Mais que dira son père? mettra-t-il, en homme sage, sa honte dans sa poche, parce qu'elle sera bien dorée? jugera-t-il à propos de faire étalage d'une frénésie morale et paternelle? je crains qu'il ne prenne ce dernier parti. Ses mœurs ont toujours été trop sévères pour qu'il ferme les yeux sur cette petite licence? Mais quel sera le résultat de sa colère? Je puis rester à l'ombre dans cette affaire, et ceux qui seront en évidence s'inquièteront fort peu du ressentiment d'un puritain de province Et, après tout, le but auquel je veux arriver est ce qu'il y a de mieux pour lui, pour la péronnelle et pour moi, Édouard Christian.

Telles étaient les viles considérations par lesquelles ce misérable cherchait à apaiser les reproches de sa conscience, tandis qu'il tramait le déshonneur de la famille de son ami et la ruine de sa propre nièce, confiée à ses soins. Le caractère de cet homme n'était pas du genre de ceux qu'on rencontre tous les jours, et ce n'était point par une route ordinaire qu'il s'était élevé au plus haut point de l'insensibilité et d'un infame égoïsme.

Édouard Christian, comme le lecteur le sait déjà, était frère de ce William Christian qui avait servi de principal instrument pour faire passer l'île de Man sous le joug de la république, et qui, pour cette raison, était devenu la victime de la vengeance de la comtesse de Derby. Tous deux avaient été élevés dans les principes des puritains; mais William ayant pris le parti des armes, cette profession avait un peu modifié la stricte rigueur de ses opinions religieuses. Édouard, qui n'avait pas embrassé le même état, y semblait beaucoup plus strictement attaché, mais cet attachement n'était qu'extérieur. Le rigorisme qu'il affichait, et qui lui valait le respect et la déférence des *gens sérieux*, comme les puritains se

nommaient, n'était qu'une écorce qui couvrait les
goûts d'un voluptueux; et, en se livrant à ce penchant
secret, il éprouvait le même plaisir que celui qui boit
l'eau qu'il a volée, et qui mange son pain à la dérobée.
Tandis que sa sainteté apparente lui fournissait des
moyens de fortune, les plaisirs cachés qu'il savait se
procurer l'indemnisaient de l'extérieur d'austérité sous
lequel il se déguisait. La restauration de Charles II et
l'extrémité à laquelle se porta contre son frère la comtesse de Derby interrompirent le cours de son hypocrisie et de ses plaisirs. Il s'enfuit de l'île qui l'avait vu
naître, brûlant du désir de venger la mort de son frère,
seule passion qu'on lui connût jamais qui n'eût pas un
rapport direct à lui-même; encore n'était-elle pas tout-
à-fait dépourvue d'égoïsme, puisqu'en s'y livrant il tra-
vaillait en même temps au rétablissement de sa fortune.

Il ne lui fut pas difficile de trouver accès auprès de
Villiers, duc de Buckingham, qui, du chef de son
épouse, avait des prétentions sur ceux des domaines du
comté de Derby naguère donnés par le parlement à
son beau-père Fairfax. Le duc avait beaucoup d'influence à la cour de Charles, où une plaisanterie était
souvent mieux récompensée qu'une longue série de services; et cette faveur fut employée de manière à contribuer à l'obscurité dans laquelle le roi laissa cette
famille loyale et mal récompensée. Mais Buckingham
était incapable, même quand son intérêt l'exigeait, de
suivre d'un pas ferme la marche que Christian lui
traçait, et ses tergiversations sauvèrent probablement
ce qui restait des domaines considérables de la maison
de Derby.

Cependant Christian était un partisan trop utile pour

être licencié. Il ne cherchait pas à cacher à Buckingham et aux autres personnes de la même trempe le relâchement de ses mœurs, mais il savait fort bien le déguiser aux yeux du parti nombreux et puissant auquel il appartenait, par l'extérieur de gravité qu'il ne cessa jamais d'afficher. Il est vrai qu'il existait alors une ligne de séparation si fortement prononcée entre la cour et la ville, qu'un homme pouvait jouer deux rôles différens, comme dans deux sphères parfaitement distinctes l'une de l'autre, sans qu'on pût découvrir d'un côté qu'il se montrait de l'autre sous un jour tout opposé. D'ailleurs quand un homme à talens reconnus se rend utile, son parti continue à le couvrir de son crédit et de sa protection, quand même sa conduite serait en opposition directe à ses principes. En pareil cas, on nie quelques faits, on en colore quelques autres, et l'esprit de parti couvre du moins autant de fautes que la charité.

Édouard Christian avait souvent besoin de l'indulgence partiale de ses amis, mais ils ne la lui refusaient jamais, parce qu'il leur rendait de grands services. Buckingham et quelques autres courtisans semblables à lui, quelque dissolus qu'ils fussent dans leurs mœurs, désiraient conserver des liaisons avec le parti des puritains, afin de s'appuyer de sa force contre leurs adversaires à la cour. Christian était un agent excellent dans toutes ces intrigues, et il était presque parvenu à établir une ligue entre des sectaires qui professaient les principes les plus rigides de la religion et de la morale, et les courtisans *latitudinaires* (1) qui n'en reconnaissaient aucun.

(1) La secte des *latitudinaires* n'était pas réellement une secte,

Au milieu des vicissitudes d'une vie consacrée aux intrigues pendant laquelle ses projets ambitieux et ceux de Buckingham lui firent plusieurs fois traverser l'Atlantique, Édouard Christian se faisait gloire de n'avoir jamais perdu de vue son principal objet, la vengeance qu'il voulait tirer de la comtesse de Derby. Il entretenait une correspondance intime et soutenue avec l'île sur laquelle il était né, de manière qu'il était informé du moindre événement qui s'y passait; il ne perdait aucune occasion de stimuler la cupidité de Buckingham, et de lui inspirer le désir de se rendre maître de ce petit royaume, en faisant prononcer la forfaiture du propriétaire actuel. Il ne lui était pas difficile d'entretenir l'esprit de son protecteur dans une sorte de fermentation à ce sujet, car l'imagination de Buckingham trouvait un certain charme dans l'idée de devenir une espèce de monarque, même dans une petite île; et, de même que Catilina, il était aussi envieux des propriétés des autres qu'il était prodigue des siennes.

Mais ce ne fut qu'après la découverte du complot prétendu des papistes que les projets de Christian approchèrent de leur maturité. A cette époque, les catholiques devinrent si odieux aux yeux du peuple anglais trop crédule, que, sur la dénonciation de délateurs de profession, du rebut de la race humaine, on ajoutait foi aux accusations les plus atroces contre les personnes du plus haut rang et de la réputation la mieux établie.

C'était un moment dont Christian ne manqua pas de

---

puisque leur principale loi était de n'en reconnaître aucune : ils professaient une espèce de scepticisme en morale comme en religion — Éd.

profiter. Il resserra son intimité avec Bridgenorth, avec lequel il avait toujours conservé des liaisons, et réussit à l'engager à seconder tous ses projets, qui, aux yeux du major, étaient inspirés par l'honneur et le patriotisme. Mais, tandis qu'il flattait Bridgenorth de l'espoir d'introduire une réforme complète dans l'état, de mettre un terme à la corruption de la cour, de soulager la conscience des non-conformistes gémissant sous le poids de lois pénales, de redresser en un mot tous les griefs du jour; tandis qu'il lui montrait aussi en perspective le plaisir de se venger de la comtesse de Derby et d'humilier la maison de Peveril, dont le major avait reçu tant d'outrages, il ne négligeait pas de réfléchir en même temps sur la manière dont il pourrait tirer parti pour lui-même de la confiance de son crédule beau-frère.

L'extrême beauté d'Alice Bridgenorth, la fortune considérable que le temps et l'économie avaient permis au major d'accumuler, la désignaient comme un parti désirable pour réparer les finances délabrées de quelque courtisan en crédit; et Christian se flattait qu'il pourrait conduire cette négociation de manière à la rendre assez avantageuse pour lui-même. Il pensait qu'il ne trouverait que peu de difficulté à persuader à Bridgenorth de lui confier le soin de sa fille, ce malheureux père s'étant mis dans l'esprit, dès l'instant même de la naissance d'Alice, que sa présence était une jouissance mondaine que sa conscience devait lui reprocher. Christian eut donc peu de peine à le convaincre que le désir qu'il avait de la donner pour épouse à Julien Peveril, pourvu qu'il pût amener celui-ci à embrasser ses opinions politiques, était un compromis coupable avec ses propres principes. Des circonstances récentes lui avaient appris que Debora Debbitch était indigne de sa confiance et incapable de veiller sur un dépôt si précieux; il accepta donc avec plaisir et reconnaissance la proposition obligeante que lui fit l'oncle maternel d'Alice, Christian, de la placer à Londres sous la protection d'une dame de haut rang, tandis qu'il serait engagé lui-même dans les scènes sanglantes et désastreuses qui allaient avoir lieu incessamment, comme il le croyait avec tous les bons protestans, par suite de l'insurrection générale des papistes, à moins que le peuple anglais ne les prévînt par les mesures les plus promptes et les plus énergiques. Il avoua même qu'il craignait que sa tendresse pour sa fille n'énervât son bras levé pour la défense de son pays; et Christian eut peu de peine à en obtenir la promesse qu'il s'abstiendrait de songer à elle pendant un certain temps.

Espérant donc que sa nièce resterait confiée à ses soins assez long-temps pour l'exécution de ses projets, Christian voulut sonder le terrain en consultant Chiffinch, que son expérience bien connue dans la politique amoureuse de la cour rendait le meilleur conseiller qu'il pût choisir en cette occasion. Mais ce digne personnage, étant dans le fait le pourvoyeur des plaisirs de Sa Majesté, et par conséquent fort avant dans ses bonnes graces, crut qu'il était de son devoir de suggérer un autre projet que celui sur lequel on lui demandait son avis. Il jugea qu'une jeune fille ornée de charmes aussi exquis qu'on lui représentait Alice, méritait mieux de partager les affections du joyeux monarque, si bon juge en beauté, que de devenir la femme de quelque courtisan dissipateur. Rendant ensuite justice à son propre mérite, il pensa qu'il ne s'en trouverait pas plus mal, mais qu'au contraire sa fortune ne pourrait qu'en être améliorée sous tous les rapports, si, après un court règne, comme les Gwyns, les Davis, les Robert, et tant d'autres, Alice Bridgenorth, ex-favorite du monarque, finissait par devenir simplement mistress Chiffinch.

Après avoir sondé Christian avec précaution, voyant que l'espoir de tirer lui-même un profit considérable de ce plan d'iniquité avait empêché Christian de se révolter à la première proposition qu'il lui en avait faite, Chiffinch entra dans de plus grands détails, se gardant pourtant bien de lui faire connaître le dénouement qu'il avait en vue. Il lui parla de la faveur que devait acquérir la belle Alice, non sous le point de vue d'un caprice passager du monarque, mais comme devant être le commencement d'un règne aussi long et aussi mémorable que celui de la duchesse de Portsmouth, dont on croyait que la cupidité et le caractère dominant commençaient à fatiguer Charles II, quoique la force de l'habitude ne lui permît pas d'en secouer le joug.

Quand le plan de ce complot fut arrêté la scène changea; et au lieu d'une intrigue subalterne entre un courtier de débauche et un oncle méprisable, tramant la ruine d'une jeune fille innocente, on vit éclore une affaire d'État, dans laquelle il s'agissait de faire congédier une favorite dont on était mécontent, et d'opérer par suite un changement dans les dispositions du roi, relativement à plusieurs objets sur lesquels on avait à craindre l'influence de la duchesse de Portsmouth. Ce fut sous ce point de vue que ce projet fut présenté au duc de Buckingham, qui, soit pour soutenir son caractère de galanterie audacieuse, soit pour satisfaire à un caprice de son imagination, avait osé une fois faire une déclaration d'amour à la favorite régnante, et en avait été rebuté d'une manière qu'il n'avait jamais pu lui pardonner.

Mais un seul projet ne suffisait pas pour occuper l'esprit actif et entreprenant du duc. On imagina un appendice à la conspiration des papistes, pour y trouver un prétexte d'accusation contre la comtesse de Derby, la personne que la partie crédule du public pouvait soupçonner le plus aisément d'être complice de ce prétendu complot, d'après son caractère et sa religion. Christian et Bridgenorth se chargèrent de la commission dangereuse d'aller l'arrêter au sein même de son petit royaume de Man, et ils avaient à cet effet des ordres secrets qu'ils ne devaient montrer qu'en cas de réussite.

Cette tentative échoua, comme nos lecteurs le savent, graces aux préparatifs de défense que la comtesse fit avec célérité, et ni Christian ni Bridgenorth ne jugèrent qu'il fût d'une bonne politique d'en venir ouvertement à des voies hostiles, même armés de l'autorité du parlement, contre une femme qui avait prouvé qu'elle hésitait si peu à prendre les mesures les plus décisives pour assurer sa souveraineté féodale. Ils réfléchirent prudemment que l'*omnipotence* même du parlement, terme un peu exagéré peut-être, mais qu'on employait alors, pourrait être insuffisante pour les garantir des suites personnelles d'une entreprise avortée.

Mais sur le continent de la Grande-Bretagne, ils n'avaient pas d'opposition à craindre ; et Christian était si bien informé de tout ce qui se passait dans la petite cour de la comtesse de Derby, c'est-à-dire dans l'intérieur de son château, que Julien aurait été arrêté à l'instant même de son débarquement, sans le coup de vent qui avait forcé le bâtiment à bord duquel il se trouvait à se diriger vers Liverpool. Là Christian, sous le nom de Ganlesse, le rencontra inopinément, et le sauva des griffes de Topham et de ses témoins consciencieux, dans la vue de s'assurer de ses dépêches, et même de sa personne, s'il le jugeait nécessaire, afin de l'avoir à sa discrétion : projet difficile et dangereux; mais il aima mieux risquer cette entreprise que de laisser à des agens subordonnés, toujours prêts à se révolter contre ceux avec qui ils étaient ligués, la gloire d'avoir saisi la correspondance de la comtesse de Derby. Il était d'ailleurs important pour les projets du duc de Buckingham que ces missives ne passassent point par les mains d'un officier public tel que Topham, qui, dans sa stupide importance, avait de la droiture et de bonnes intentions, avant qu'elles eussent subi la révision d'un comité particulier où l'on aurait pu en retrancher certains passages, en supposant qu'on n'y eût rien ajouté. En un mot, Christian, en conduisant son intrigue particulière par le moyen de ce qu'on appelait la grande conspiration papiste, agissait comme l'ingénieur qui, pour mettre un ressort caché en mouvement, fait servir la force de la machine à vapeur construite pour un tout autre but. En conséquence, il avait résolu de retirer tout l'avantage possible des découvertes qu'il comptait faire, et de ne pas souffrir que personne les partageât avec lui, ou pût mettre des obstacles à ses projets de vengeance.

Chiffinch, qui avait voulu se convaincre par ses propres yeux des charmes de cette beauté si vantée, avait fait le voyage du comté de Derby tout exprès pour la voir, et il avait été enchanté quand, après avoir assisté, dans la chapelle des non-conformistes de Liverpool, à un sermon qui dura deux heures, et qui, par conséquent, lui laissa le loisir de faire un examen réfléchi, il arriva à la conclusion satisfaisante qu'il n'avait jamais vu une taille plus séduisante, une figure plus enchanteresse. Le témoignage de ses yeux lui ayant ainsi confirmé tout ce qu'on lui avait dit préalablement, il courut à la petite auberge, rendez-vous convenu avec Christian, qui devait venir l'y joindre avec sa nièce, et il les y attendit, plein de confiance dans la réussite de leur plan, se disposant à les recevoir avec un appareil de luxe qui, selon lui, devait faire une impression favorable sur l'esprit d'une jeune fille élevée à la campagne. Il fut un peu surpris et contrarié quand il vit arriver Christian accompagné de Julien Peveril au lieu d'Alice Bridgenorth, à qui il espérait être présenté le soir même. C'était pour lui un contre-temps sérieux, car il ne lui en avait pas peu coûté pour triompher de son indolence ordinaire, au point de s'éloigner de la cour pour juger par ses propres yeux si Alice était véritablement un prodige de beauté, comme son oncle le prétendait, et si c'était une victime digne de l'autel sur lequel il voulait la sacrifier.

Une courte consultation qui eut lieu entre les dignes confédérés leur fit adopter le plan de dérober les dépêches dont Julien était porteur, Chiffinch s'étant absolument refusé à prendre aucune part à son arrestation, attendu qu'il n'était pas certain que cette démarche obtînt l'approbation de son maître.

Christian avait aussi quelques raisons pour s'abstenir de prendre une mesure si décisive. Elle ne lui paraissait pas devoir être agréable au major Bridgenorth, et il était important de le maintenir en bonne humeur. Elle n'était pas nécessaire, car les dépêches de la comtesse étaient d'une importance beaucoup plus grande que la personne de Julien. Elle était même inutile, car Julien se rendant au château de son père, il était vraisemblable qu'il y serait arrêté comme les autres personnes suspectes dont Topham, en vertu de son mandat, était chargé de s'emparer : et les dénonciations de ses infames compagnons ne manqueraient point. Bien loin donc d'avoir recours à aucune violence contre Peveril, il prit avec lui un ton amical, et sembla l'avertir de se tenir en garde contre les autres, pour ne pas encourir le soupçon d'avoir pris part au vol de ses dépêches. Cette dernière manœuvre fut accomplie par un narcotique qu'on versa dans le vin de Julien, et qui lui procura un sommeil si profond que les confédérés n'eurent aucune difficulté à exécuter leur projet inhospitalier

Les événemens des jours suivans sont déjà connus du lecteur. Chiffinch partit pour Londres, chargé des dépêches dérobées à Julien, attendu qu'il était important de les remettre le plus tôt possible entre les mains du duc de Buckingham; et Christian se rendit à Moultrassie pour y recevoir Alice des mains de son père et la conduire à Londres, son complice ayant consenti à suspendre le désir qu'il avait de la revoir, jusqu'à ce qu'ils fussent arrivés en cette ville.

Avant de quitter Bridgenorth, Christian avait mis en œuvre toute son adresse pour l'engager à rester à Moultrassie-Hall. Il avait même excédé les bornes de la prudence, car à force d'insister sur ce point, il avait fait naître dans l'esprit du major quelques soupçons dont il avait peine à se rendre raison à lui-même; mais qui ne lui permirent pas de jouir d'une tranquillité parfaite. Il suivit donc son beau-frère à Londres, et le lecteur a vu quels artifices Christian mit en usage pour déterminer ce père imprudent à abandonner sa fille aux machinations perfides du protecteur qu'il avait cru lui donner.

Cependant Christian, en réfléchissant sur son entreprise, ne se dissimulait pas qu'il marchait au milieu de mille dangers. Il tremblait en pensant à la légèreté présomptueuse et au caractère inconstant de Buckingham, à la frivolité et à l'intempérance de Chiffinch, et aux soupçons du mélancolique et fanatique Bridgenorth, mais qui n'en était pas moins plein d'honneur et de sagacité.

— Si tous mes instrumens étaient en état de faire marcher leur ressort particulier, pensait-il, combien il me serait facile de briser tous les obstacles qui s'opposent à mes projets! Mais avec des machines si fragiles, si insuffisantes, chaque jour, chaque heure, chaque instant, je cours le risque de voir un de mes piliers d'appui s'écrouler, et de me trouver écrasé sous les ruines. Et cependant, s'ils n'avaient pas ces défauts dont je me plains, comment aurais-je acquis sur eux ce pouvoir qui en fait mes agens passifs, même quand ils semblent agir avec une volonté plus prononcée? Oui, nos fanatiques ont quelque raison quand ils soutiennent que tout est pour le mieux.

Il peut paraître étrange qu'au milieu de tous les sujets de crainte qui agitaient Christian, l'idée que la vertu de sa nièce pourrait être l'écueil contre lequel son navire viendrait se briser, ne se présentât à son esprit que rarement et faiblement. Mais c'était un scélérat déterminé, un libertin endurci, et, sous ces deux rapports, il ne croyait pas à la vertu du beau sexe.

CHAPITRE XXX.

―

« Quant au roi Charles, j'en conviens,
» Ce fut un roi peu digne de mémoire :
» Mais il fut un de ces joyeux vauriens,
» Loyaux amis, sachant aimer et boire. »

Dr WALCOT (*Peter Pindar.*)

LONDRES, ce vaste centre des intrigues de toute espèce, réunissait alors, dans son enceinte de sombres vapeurs, le plus grand nombre des personnages que nous avons fait paraître jusqu'ici sur la scène.

L'un d'eux, Julien Peveril, en y arrivant, avait pris son domicile dans une auberge d'un faubourg, pensant qu'il devait garder l'incognito jusqu'à ce qu'il eût pu voir en particulier les amis en état de prêter assistance à ses parens et à sa bienfaitrice, qui se trouvaient également dans une situation dangereuse. Le plus puissant d'entre eux était le duc d'Ormond, dont les fidèles services, le haut rang, le mérite et les vertus, conservaient encore de l'ascendant dans une cour où ces qualités étaient regardées en général comme hors de faveur. Il était de fait que Charles, lorsque ce noble et fidèle serviteur de son père se présentait devant lui, semblait si bien sentir son infériorité morale, que Buckingham prit un jour la liberté de demander au roi si le duc d'Ormond avait perdu les bonnes graces de Sa Majesté, ou si c'était Sa Majesté qui avait perdu celles du duc d'Ormond, puisque toutes les fois qu'ils se trouvaient ensemble le roi paraissait toujours le plus embarrassé des deux. Mais Peveril ne fut pas assez heureux pour obtenir les avis et la protection de ce seigneur respectable, car il n'était pas à Londres en ce moment.

Après la lettre destinée au duc d'Ormond, celle à laquelle la comtesse avait semblé attacher le plus d'importance était adressée au capitaine Barston, jésuite déguisé dont le véritable nom était Fenwicke, qui devait se trouver, ou dont on devait apprendre le domicile chez un nommé Martin Christal, dans ce qu'on appelait la Savoie. Julien se hâta de s'y rendre dès qu'il eut appris l'absence du duc d'Ormond. Il n'ignorait pas le danger auquel il s'exposait lui-même en servant ainsi d'intermédiaire entre un prêtre papiste et une catholique suspecte. Mais quand il s'était chargé de la commission périlleuse de la comtesse, il l'avait fait sans réserve, et avec la franche résolution de la servir de la manière qu'elle croyait que ses affaires l'exigeaient. Cependant il ne put s'empêcher d'éprouver un mouvement de crainte involontaire quand il se trouva engagé dans un labyrinthe de passages et de corridors obscurs conduisant aux appartemens situés dans l'ancien édifice qu'on appelait la Savoie.

Ce bâtiment antique et presque en ruines occupait alors dans le Strand une partie du local où l'on voit aujourd'hui Somerset-House. Il avait été autrefois un palais, et son nom venait d'un comte de Savoie qui l'avait fait construire. Il avait servi d'habitation à Jean de Gaunt et à différentes personnes de distinction, était devenu un couvent, puis un hôpital, et enfin, du temps de Charles II, ce n'était plus qu'une masse de bâtimens délabrés, principalement habités par ceux qui avaient quelques relations avec le palais voisin de Somerset-House. Plus heureux que la Savoie, Somerset-House conservait encore son titre royal, et servait de demeure à une partie de la cour; le roi lui-même y avait des appartemens, et y résidait quelquefois.

Ce ne fut pas sans avoir pris bien des informations et sans avoir commis plus d'une méprise, que, ayant parcouru un corridor long et ténébreux dont le plancher, dégradé par le temps, menaçait de s'enfoncer sous ses pieds, il trouva sur une mauvaise porte le nom de Martin Christal, huissier priseur, gravé sur une petite plaque de cuivre. Il allait lever le marteau pour frapper, quand il se sentit tirer par l'habit. Il se retourna, et sa surprise alla presque jusqu'à la frayeur quand il aperçut la jeune sourde-muette qui avait voulu l'accompagner lors de son départ de l'île de Man.

— Fenella! s'écria-t-il, oubliant qu'elle ne pouvait ni l'entendre ni lui répondre; est-il possible que ce soit vous, Fenella?

Fenella, reprenant l'air d'autorité qu'elle avait déjà une fois voulu s'arroger avec lui, se plaça entre Julien et la porte à laquelle il allait frapper, secouant la tête, fronçant les sourcils, et levant le doigt comme pour l'avertir qu'il ne devait pas entrer dans cet appartement.

Après un moment de réflexion, Julien crut ne pouvoir donner qu'une interprétation à la conduite et à la présence de Fenella; c'était de supposer que sa maîtresse était venue à Londres, et qu'elle avait chargé cette suivante muette, qui avait toute sa confiance, de l'informer de quelque changement survenu dans ses opérations, qui pouvait rendre inutile et peut-être même dangereuse la remise de sa lettre à Barston, autrement dit Fenwicke. Il lui demanda par gestes si elle était chargée de quelque commission de la part de la comtesse; elle lui répondit par un signe de tête annonçant l'impatience. Continuant le même genre de dialogue, il lui demanda si elle avait quelque lettre pour lui. L'impatience de la jeune muette redoubla; elle secoua la tête, lui fit signe de la suivre, et se mit à marcher rapidement dans le corridor. Il la suivit, ne doutant pas qu'elle n'eût dessein de le conduire près de la comtesse. Mais l'étonnement que lui avait causé la présence inattendue de Fenella augmenta bien encore quand il la vit le guider à travers les détours sombres et tortueux de la Savoie, avec autant d'aisance et de rapidité qu'elle en avait déployé peu de temps auparavant sous les voûtes obscures du château de la comtesse dans l'île de Man.

Se rappelant pourtant que Fenella avait accompagné la comtesse dans un voyage d'assez longue durée qu'elle avait fait à Londres, il ne lui parut pas invraisemblable qu'elle eût pu acquérir une connaissance locale si exacte de ce palais en ruines. Bien des étrangers attachés à la reine régnante ou à la reine douairière avaient des appartemens en cet endroit ; bien des prêtres catholiques y avaient trouvé un refuge, en dépit de la sévérité des lois contre le papisme : quoi de plus probable que la comtesse de Derby, Française et catholique, eût des messages secrets à envoyer à quelques-uns d'entre eux, et qu'elle se fût servie pour cela, au moins en certaines occasions, de l'entremise de Fenella ?

Tout en faisant ces réflexions, Julien continuait à suivre les pas agiles et légers de la jeune muette, qui semblait glisser le long du Strand, d'où elle entra dans Spring-Gardens et ensuite dans le parc de Saint-James.

La matinée était encore peu avancée, et il ne se trouvait dans le parc qu'un très-petit nombre de personnes qui s'y promenaient pour respirer le bon air. Ce n'était que vers midi qu'on y voyait briller la gaieté, la splendeur et l'élégance. Tous nos lecteurs savent sans doute que le terrain sur lequel on voit de nos jours la caserne des gardes-du-corps à cheval faisait partie du parc de Saint-James dans le temps de Charles II, et que l'ancien édifice, nommé aujourd'hui la Trésorerie, était une dépendance du palais de Whitehall, qui se trouvait ainsi immédiatement joint au parc. Le canal avait été creusé d'après les plans du célèbre Le Nôtre, pour dessécher le terrain, et il communiquait à la Tamise en traversant un étang rempli des oiseaux aquatiques les plus rares. Ce fut vers cet étang que Fenella dirigea sa course avec célérité ; — et ils approchaient d'un groupe de trois ou quatre personnes qui se promenaient sur ses rives, quand, en fixant les yeux sur celui qui paraissait l'homme le plus important de cette compagnie, Julien sentit son cœur palpiter, comme s'il eût deviné qu'il était près d'un personnage du rang le plus élevé.

L'homme qu'il regardait ainsi avait passé le moyen âge de la vie ; il avait le tein brun, et une longue perruque noire couvrait sa tête. Son costume était un habit de velours noir uni ; mais il portait par-dessus une étoile en diamans, négligemment suspendue à un ruban passé sur son épaule. Ses traits, presque durs, avaient cependant une expression de gaieté et de dignité en même temps. Il était bien fait, fortement constitué, marchait la tête droite et avec un air d'aisance, et paraissait être une personne du premier rang. Précédant ses compagnons il s'arrêtait de temps en temps, et leur parlait avec affabilité et probablement avec gaieté, si l'on pouvait en juger par les sourires et quelquefois même par un éclat de rire, à demi retenu par le respect, que ses saillies arrachaient à ceux à qui il les adressait. Ceux-ci étaient aussi en costume du matin ; mais leur air et leurs manières annonçaient des gens de qualité en présence d'un homme d'un rang supérieur. Ils partageaient l'attention de celui qu'ils suivaient avec sept à huit petits épagneuls noirs à poils longs et frisés, ou bichons, comme on les appelle aujourd'hui, suivant leur maître d'aussi près et peut-être avec un attachement aussi sincère que les bipèdes qui faisaient partie de ce groupe : leurs gambades semblaient l'amuser beaucoup, et il s'occupait tantôt à exciter leurs ébats, tantôt à les réprimer. Un laquais le suivait portant deux petits paniers ; et, par forme de nouveau passe-temps, le personnage y prenait de momens en momens une poignée de grains qu'il jetait aux oiseaux qui étaient sur les rives du canal.

Personne n'ignorait que c'était l'amusement favori

du roi, et cette circonstance, jointe à sa physionomie remarquable et au respect que lui témoignaient ceux qui l'accompagnaient, ne laissa aucun doute à Julien. Il se voyait peut-être plus près que le décorum ne le permettait de la personne de Charles Stuart, le second des rois d'Angleterre qui portèrent ce nom malheureux.

Tandis que Julien hésitait à suivre son guide, et qu'il était embarrassé pour trouver le moyen de lui faire comprendre la répugnance qu'il éprouvait à l'accompagner plus loin, un homme de la suite du roi, à un signe que lui fit Sa Majesté, tira de sa poche un flageolet, et se mit à en jouer un air fort gai, dont le mouvement était très-vif, Charles lui ayant dit de lui répéter un morceau dont il avait été frappé la veille au spectacle. Pendant que le monarque, de joyeuse humeur, battait la mesure du pied et de la main, Fenella continua à avancer vers lui, en prenant l'air et les attitudes d'une personne attirée, en dépit d'elle-même, par le son de cet instrument.

Curieux de savoir comment finirait cette aventure, et surpris de voir la jeune sourde imiter si parfaitement les manières d'une femme sensible au pouvoir de l'harmonie, Peveril fit encore quelques pas, mais il s'arrêta à une certaine distance.

Le roi les regarda tous deux d'un air de bonne humeur, comme si l'enthousiasme qu'il leur supposait pour la musique eût été une excuse pour la hardiesse qu'ils montraient en s'approchant de lui de si près; mais ses regards se fixèrent particulièrement sur Fenella, dont l'air et les traits, quoiqu'ils offrissent plus de singularité que de beauté, avaient quelque chose d'étrange qui devait paraître nouveau et même séduisant à un prince dont les yeux étaient comme rassasiés des formes ordinaires de la beauté dans le sexe. Elle ne parut pas faire attention à la manière dont il la regardait; et, comme si elle eût été poussée par une impulsion irrésistible, résultat des sons qu'elle semblait entendre, elle détacha une longue épingle d'or de ses beaux cheveux noirs, qui, tombant autour d'elle, lui formèrent comme un voile tissu par la nature; et en même temps elle se mit à danser avec autant de grace que d'agilité, en suivant l'air du flageolet (1).

Peveril oublia presque la présence du roi en voyant avec quelle précision merveilleuse Fenella devinait la mesure marquée par les sons d'un instrument qu'elle ne pouvait entendre, et dont elle ne pouvait juger que par les mouvemens des doigts de celui qui en jouait. Il avait entendu citer comme un prodige une femme qui, se trouvant dans la malheureuse situation de cette jeune fille, était parvenue, par une sorte de tact mystérieux et incompréhensible, à acquérir assez de connaissances en musique non-seulement pour jouer de plusieurs instrumens, mais pour se mettre en état de conduire un orchestre; il avait aussi entendu parler de sourds-muets qui pouvaient figurer dans un bal en suivant les mouvemens de ceux avec qui ils dansaient. Mais le phénomène qu'il avait sous les yeux était bien plus étonnant, puisque le musicien peut être guidé par les notes tracées sur le papier, et le danseur par les mouvemens des autres, au lieu que Fenella n'avait d'autre guide que le mouvement des doigts de l'homme qui jouait du flageo-

---

(1) Sujet de la vignette du titre de ce volume.

let, et qu'elle semblait observer avec beaucoup d'attention.

Quant au roi, ignorant les circonstances qui rendaient la danse de Fenella presque miraculeuse, il se contenta d'abord d'autoriser, par un sourire de bonne humeur, ce qui lui paraissait un trait de caprice de cette fille singulière ; mais quand il vit avec quelle justesse et quelle précision elle exécutait sur son air favori, avec autant de grace que d'agilité, une danse tout-à-fait nouvelle pour lui, il passa du contentement à une véritable admiration ; il battait la mesure avec le pied, la marquait par un mouvement de tête, frappait des mains pour l'applaudir, et semblait comme elle entraîné par un accès d'enthousiasme.

Après une suite aussi rapide que gracieuse *d'entrechats*, Fenella donna peu à peu à sa danse un mouvemens plus lent pour la terminer. Faisant alors une profonde révérence, elle resta immobile devant le roi, les mains croisées sur la poitrine, la tête baissée, les yeux fixés vers la terre, comme une esclave de l'Orient devant son maître. A travers le voile formé par sa longue chevelure, on pouvait voir que les couleurs que la danse avait appelées sur ses joues en disparaissaient rapidement, et faisaient place à la teinte olivâtre qui lui était naturelle.

— Sur mon honneur, dit le roi, on la prendrait pour une fée dansant au clair de lune. Il faut qu'il soit entré plus d'air et de feu que de terre dans sa composition. Il est fort heureux que la pauvre Nelly Gwyn ne l'ait pas vue, elle en serait morte de dépit et d'envie. Eh bien, messieurs, qui de vous m'a préparé ce divertissement ?

Les courtisans se regardèrent les uns les autres, mais aucun d'eux ne se sentit le droit de réclamer le mérite de cette galanterie.

— Nous le demanderons donc à la nymphe aux yeux vifs, dit le roi en regardant Fenella. Dites-nous, ma belle enfant, à qui nous devons le plaisir de vous avoir vue. J'en soupçonne le duc de Buckingham, car c'est exactement *un tour de son métier*.

Fenella, en voyant que le roi lui adressait la parole, fit une seconde révérence aussi profonde que la première, et y ajouta un signe pour lui faire comprendre qu'elle ne pouvait entendre ce qu'il lui disait.

— Oh! oh! dit le roi, je n'y pensais pas. C'est nécessairement une étrangère : son teint et sa légèreté en font foi. C'est la France ou l'Italie qui a vu se former ces membres élastiques, ces joues brunes, cet œil de feu. Et il lui demanda alors, d'abord en français et ensuite en italien, par ordre de qui elle était venue dans le parc.

A cette seconde question, Fenella rejeta en arrière sa belle chevelure pour lui laisser voir l'expression de mélancolie qui régnait sur son front, et fit un geste accompagné d'un murmure doux et plaintif pour annoncer que l'organe de la parole lui manquait.

— Est-il possible que la nature ait commis une telle erreur! s'écria Charles. Peut-elle avoir refusé la mélodie de la voix à un être qu'elle a rendu si sensible à la beauté des sons? — Mais que signifie cela? Quel est ce jeune homme immobile à quelques pas de nous. — Ah! c'est sans doute lui qui montre la pièce curieuse.

— L'ami, dit-il à Peveril, qui, d'après un signe de Fenella, s'avança comme par instinct, et fléchit le genou devant le roi, nous te remercions du plaisir que tu nous as procuré ce matin. Marquis, vous m'avez filouté au piquet la nuit dernière, et en réparation de cet acte de déloyauté, vous allez donner une couple de pièces d'or à cet honnête jeune homme, et cinq à la danseuse.

Le marquis prit sa bourse, et s'avança pour exécuter les ordres du roi. Julien en ce moment éprouva un grand embarras; mais, reprenant enfin plus d'assurance, il dit qu'il n'avait aucun titre pour tirer un profit quelconque de la danse de cette jeune fille, et que Sa Majesté s'était trompée en le supposant.

— Et qui es-tu donc, l'ami? lui demanda Charles. Mais, avant tout, quelle est cette nymphe légère que tu suis comme un faon?

— Cette jeune personne est au service de la comtesse douairière de Derby, sire, répondit Julien d'une voix timide, et quant à moi...

— Un moment! un moment! s'écria le roi; ceci est une danse qui exige un autre air et un lieu moins public. Écoute, l'ami, toi et cette jeune fille vous allez suivre Empson où il vous conduira. Emmenez-les, Empson, et... Écoutez-moi; un mot à l'oreille.

— Votre Majesté daignera-t-elle me permettre de lui faire observer, dit Peveril, que je n'avais nullement dessein de me présenter devant elle d'une manière si.....

— Au diable ceux qui n'entendent pas à demi-mot! s'écria le roi. Morbleu! l'ami, ne sais-tu pas qu'il y a des momens où la civilité est la plus grande impertinence du monde? Je te dis de suivre Empson, et de l'amuser une demi-heure avec la petite fée, jusqu'à ce que je l'envoie chercher.

Charles prononça ces mots en jetant les yeux autour de lui avec une sorte d'inquiétude, et d'un ton qui semblait indiquer qu'il craignait d'être entendu. Julien ne put que saluer et obéir; et il suivit Empson, le même qui avait si bien joué du flageolet.

Quand ils eurent perdu de vue le roi et ses courtisans, Empson voulut entrer en conversation avec ses compagnons, et s'adressant d'abord à Fenella : — De par la messe! dit-il, vous dansez avec une perfection rare ; jamais danseuse sur les planches n'a plié le jarret avec tant de grace. Je jouerais du flageolet pour vous jusqu'à ce que mon gosier fût aussi sec que mon instrument. Allons, allons, ne soyez pas si farouche : le vieux Rowley ne quittera pas le parc avant neuf heures. Je vais vous conduire tous deux à Spring-Gardens; je vous y régalerai de quelques friandises et d'une bonne bouteille de vin du Rhin, et nous serons bons camarades. Comment diable! point de réponse! Que veut dire cela, jeune homme? Cette jeune fille est-elle muette ? est-elle sourde ? est-elle l'un et l'autre? Je m'en moquerais ; elle danse si bien au son du flageolet!

Pour se débarrasser de ce questionneur, Peveril lui répondit en français qu'il ne parlait pas anglais, et qu'il était étranger, charmé d'échapper, même aux dépens d'un petit mensonge, à la loquacité d'un homme qui paraissait disposé à faire beaucoup de questions auxquelles il ne serait peut-être pas toujours prudent de répondre.

— *Étranger !* répéta Empson en se parlant à lui-même à demi-voix; cela veut sûrement dire *Stranger*. Encore des animaux qui viennent de France pour lécher sur notre pain tout le bon beurre d'Angleterre; ou peut-être est-ce un Italien faisant voir des marionnettes. Si les puritains n'avaient une aversion mortelle contre toute la gamme, c'en serait assez pour engager tout honnête garçon à le devenir. Mais, s'il faut que je lui joue du flageolet chez la duchesse, je veux être damné si je ne lui joue pas le tour de la mettre hors de mesure pour lui apprendre à venir en Angleterre sans savoir l'anglais.

Après avoir pris cette résolution véritablement anglaise, Empson marcha d'un bon pas en se dirigeant vers une grande maison située au bout du parc de Saint-James, et entra dans la cour par une grille qui donnait sur le parc, sur lequel cette maison dominait.

Peveril, se trouvant en face d'un beau portique sous lequel était une grande porte battante, allait monter le péristyle qui y conduisait, quand son guide le retint par le bras.

— Un moment, *monsieur*, lui dit-il, il me paraît que vous ne perdrez rien faute de courage; mais ce n'est pas ici : frappez, et l'on vous ouvrira; mais plutôt, frappez, et l'on vous frappera.

Se laissant guider par Empson, Julien passa devant la principale entrée, et ils s'arrêtèrent devant une autre porte pratiquée moins ostensiblement dans un coin de la cour. Le joueur de flageolet y frappa à petit bruit; un domestique vint l'ouvrir sur-le-champ, le fit entrer avec ses deux compagnons; et, après les avoir fait passer par différens corridors, les conduisit dans un beau salon d'été, où une dame, vêtue avec une élégance outrée, s'amusait à parcourir une comédie en prenant son chocolat. Il n'est possible d'en faire le portrait qu'en mettant dans la balance, d'un côté les avantages dont la nature l'avait douée, et de l'autre les défauts affectés qui nuisaient à leur effet. Elle eût été jolie sans son rouge et ses minauderies. Elle aurait été jugée affable sans son air hautain de protection et de condescendance. Sa voix aurait été agréable si elle n'avait voulu la rendre encore plus douce. Ses yeux auraient passé pour beaux, si elle n'eût cherché à leur donner trop d'éclat. Elle gâtait un joli pied en laissant voir un peu trop la jambe qu'il soutenait. Quant à sa taille, quoiqu'elle ne parût pas avoir encore trente ans, elle avait cet embonpoint qui lui aurait mieux convenu dix ans plus tard. Elle montra un siège à Empson, en se donnant les airs d'une duchesse, et lui demanda languissamment comment il s'était porté depuis un siècle qu'elle ne l'avait vu, et quelles étaient les personnes qu'il lui amenait.

— Des étrangers, madame, répondit Empson; de maudits étrangers, des mendians affamés que notre vieil ami a ramassés ce matin dans le parc. La péronnelle danse, et ce gaillard..., je présume qu'il joue de la guimbarde. Sur mon honneur, madame, je commence à être honteux du vieux Rowley, et il faudra que je lui donne son congé, s'il ne voit meilleure compagnie à l'avenir.

—Fi! Empson, dit la dame; songez qu'il est de notre devoir de nous prêter à ses goûts, et de fermer les yeux sur ses caprices. C'est une règle que je me suis toujours prescrite. Mais, dites-moi, il ne viendra pas ici ce matin.

— Il sera ici, répondit Empson, avant le temps nécessaire pour danser un menuet.

— Juste ciel! s'écria la dame avec un air d'alarme qui n'avait rien d'affecté; et, oubliant entièrement ses graces langoureuses, elle courut avec la légèreté d'une laitière dans un appartement voisin, où l'on entendit une courte discussion, mais vive et animée.

— Quelqu'un qu'il s'agit d'écarter, je suppose, murmura Empson; il est heureux pour la dame que je lui aie donné cet avis. Le voilà qui part, l'heureux berger.

Julien se trouvait placé de manière que par la fenêtre près de laquelle était Empson, il put voir un homme couvert d'une grande roquelaure galonnée, et portant sous le bras une rapière, sortir à petit bruit par la même porte par laquelle ils étaient entrés, et traverser la cour en suivant la muraille, probablement pour être moins remarqué.

La dame rentra en ce moment, et, voyant la direction que suivaient les yeux d'Empson, elle lui dit avec un léger mélange d'embarras et de précipitation : — C'est un messager que m'a envoyé la duchesse de Portsmouth avec un billet auquel elle me pressait tellement de faire réponse, que je ne me suis pas donné le temps de prendre ma plume à diamans. Comme mes doigts sont tachés d'encre! ajouta-t-elle en jetant les yeux sur une fort jolie main qu'elle trempa ensuite dans un vase d'argent rempli d'eau de roses. — Mais ce petit monstre exotique que vous m'amenez, j'espère qu'il est bien vrai qu'elle n'entend pas l'anglais? Comment donc, elle a rougi! Et vous dites qu'elle est bonne danseuse! Il faut que je la voie danser, et que j'entende son compagnon jouer de la guimbarde.

— La voir danser? dit Empson; elle a dansé assez bien pendant que je jouais du flageolet. Mais qui ne danserait pas en pareil cas? J'ai fait danser le vieux conseiller Clubfoot pendant qu'il avait une attaque de goutte, et vous n'avez jamais vu un pareil pas sur le théâtre. Je m'engagerais à faire danser une courante à l'archevêque de Cantorbery aussi bien qu'à un Français; la danse n'est rien, tout consiste dans la musique. Le vieux Rowley ne sait pas cela. Il a vu danser cette pauvre créature, et il lui a attribué tout le mérite qui m'appartenait. Je l'aurais défiée de ne pas danser. Et cependant il lui en accorde tout l'honneur et le profit, car il lui fait donner cinq pièces d'or, tandis que ma matinée ne m'en vaut que deux.

— Fort bien, M. Empson; mais vous appartenez à la maison, quoique dans une situation inférieure, et vous devriez considérer....

— Pardieu, madame! tout ce que je considère, c'est que je suis le premier flageolet d'Angleterre; et, si l'on me congédiait, il serait aussi impossible de me remplacer que de remplir la Tamise avec l'eau d'un fossé.

— Je conviens que vous êtes un homme à talens, M. Empson; mais je vous dis qu'il faut songer à l'essentiel. Aujourd'hui vous charmez l'oreille, demain un autre peut avoir l'avantage sur vous.

—Jamais, madame, tant que l'oreille aura le pouvoir céleste de distinguer une note d'une autre.

— Le pouvoir céleste, dites-vous?

— Oui, madame, céleste; car quelques très-jolis

vers que nous avons eus à notre dernière fête, disent:

> Savez-vous ce qu'on fait aux cieux?
> Aimer, chanter. — Des bienheureux
> En deux mots voilà l'existence.

C'est M. Waller qui les a faits, à ce que je crois ; et, sur ma parole, il mérite d'être encouragé.

— Et vous le méritez aussi, mon cher Empson, dit la dame en bâillant, quand ce ne serait que pour l'honneur que vous faites à votre profession. Mais demandez donc à ces gens s'ils désirent quelques rafraîchissemens. Et vous-même, que prendrez-vous? Voilà du chocolat que l'ambassadeur de Portugal a apporté pour la reine.

— S'il n'est pas frelaté, dit le musicien.....

— Comment, monsieur, s'écria la belle dame en se soulevant à demi sur les coussins empilés sous elle, quelque chose de frelaté dans ma maison ! Je vous connais, M. Empson, et je crois que la première fois que je vous ai vu, vous saviez à peine distinguer le chocolat du café.

— Pardieu, madame! vous avez parfaitement raison, répondit le joueur de flageolet. Et comment puis-je mieux prouver le profit que j'ai tiré de vos excellentes instructions qu'en me montrant difficile?

— Vous êtes excusé, M. Empson, dit la petite maîtresse en se laissant tomber nonchalamment sur le duvet, d'où un moment d'irritation l'avait fait se lever. Je crois que ce chocolat sera de votre goût, quoiqu'il ne soit pas tout-à-fait égal à celui que nous avons eu de Mendoza, le chargé d'affaires d'Espagne; mais il faut offrir quelque chose à ces étrangers. Demandez-leur s'ils veulent du café et du chocolat, ou de la venaison froide, des fruits et du vin. Il faut les traiter de manière à ce qu'ils voient où ils sont, puisqu'ils y sont.

— Sans contredit, madame; mais j'oublie en ce moment les mots français qui expriment l'idée de café, de chocolat, de venaison, de fruit et de vin.

— Cela est singulier; et ce qui l'est encore davantage, c'est que je les oublie aussi au même instant. Mais n'importe ! je vais leur servir les choses, et ce sera leur affaire de se rappeler les noms.

Empson rit de cette plaisanterie, et il dit qu'il répondait sur son ame que le morceau de viande froide que l'on apportait était le meilleur emblème d'un reste de rosbif qu'on pût trouver dans le monde entier. On servit d'ailleurs des rafraîchissemens en abondance, et Julien et Fenella en prirent leur part comme la dame et le musicien.

Cependant Empson s'approcha plus près de la maîtresse de la maison, et ils cimentèrent leur intimité en buvant un verre de liqueur. Leurs idées en devinrent plus vives, et ils se mirent à converser avec plus de confiance, faisant passer en revue devant eux tout ce qui composait la cour, tant dans les rangs supérieurs que dans la sphère subalterne, à laquelle ils pouvaient eux-mêmes être supposés appartenir.

Il est très vrai que, pendant cette conversation, la dame déploya plus d'une fois sa suprématie complète et absolue sur Empson, et que le musicien baissa humblement pavillon devant elle toutes les fois que leurs opinions divergèrent, soit qu'elle lui donnât un démenti formel, soit qu'elle le contredit par un sarcasme, soit qu'elle lui imposât par un air d'importance, soit enfin qu'elle prît quelqu'une des mille manières par lesquelles on peut chercher à faire sentir sa supériorité. Mais le goût évident qu'elle avait pour la médisance la faisait bientôt descendre du point élevé où elle se plaçait pour un instant, et la rabaissait au niveau de son compagnon, dont elle aimait à entendre et à partager le commérage.

Leur entretien était trop commun; il roulait trop constamment sur une foule de petites intrigues de cour, auxquelles Julien ne connaissait rien, pour qu'il pût y prendre le moindre intérêt. Comme il dura plus d'une heure, Julien cessa bientôt de prêter la moindre attention à une conversation qui n'était composée que de mots à double sens, de phrases détournées, et dans laquelle les individus dont on parlait n'étaient ordinairement désignés que par des sobriquets convenus. Il s'occupa à réfléchir sur ses propres affaires déjà assez compliquées, et sur ce qui pourrait résulter de l'audience qu'il allait avoir du roi, audience qui lui avait été procurée par un agent si singulier et par des moyens si inattendus. Il regardait souvent Fenella, et il remarqua qu'elle était, presque constamment, absorbée dans de profondes méditations. Mais trois ou quatre fois, et c'était lorsque les airs de prétention et l'importance affectée du musicien et de leur hôtesse s'élevaient au plus haut degré, il la vit jeter sur eux à la dérobée un de ces regards amers qui avaient contribué à la faire passer dans l'île de Man pour appartenir à la race des lutins. Il y avait quelque chose de si extraordinaire dans ses manières, dans son apparition soudaine et dans sa conduite en présence du roi; elle lui avait procuré d'une façon si bizarre une audience qu'il aurait peut-être cherché en vain à obtenir, que cette réunion de circonstances pouvait justifier l'idée qui se présenta à son esprit, et dont il ne fit que sourire, que ce petit agent muet était aidé dans ses opérations par les esprits élémentaires auxquels la superstition des habitans de l'île de Man attribuait son origine.

Une autre idée se présentait aussi quelquefois à l'esprit de Julien, quoiqu'il cherchât à l'écarter, comme étant aussi ridicule que l'opinion qui plaçait Fenella dans une classe d'êtres différens des simples mortels était-elle réellement affligée de cette privation d'organes qui semblait tracer une ligne de séparation entre elle et les autres hommes? Si elle ne l'était pas, quels motifs pouvait avoir une si jeune fille pour se soumettre pendant tant d'années à une pénitence si difficile? Combien devait être formidable la force d'esprit qui avait pu se condamner à un sacrifice si pénible! Quelles devaient être la profondeur et l'importance du dessein qui avait pu faire naître une telle résolution !

Mais le simple souvenir du passé suffit pour lui faire rejeter cette conjecture, comme absurde et toute imaginaire. Il n'eut besoin que de se rappeler tous les tours que son ami étourdi, le jeune comte de Derby, avait pris plaisir à jouer à cette malheureuse fille, les conversations tenues en sa présence, et dans lesquelles on discutait librement, et quelquefois même avec censure, le caractère d'une créature si irritable et si susceptible en toute occasion, sans qu'elle eût jamais laissé apercevoir par le moindre geste, par la plus légère émotion, qu'elle entendît ce dont on parlait; et il fut convaincu qu'il lui aurait été d'autant plus impossible de suivre un tel système de déception pendant un si grand nombre d'années, qu'elle avait le caractère naturellement bouillant et irascible.

Il renonça donc à cette idée, et ne songea plus qu'à ses propres affaires et à l'entrevue qu'il allait avoir avec son souverain. Nous le laisserons occupé de ses réflexions, tandis que nous passerons brièvement en revue les changemens qui étaient survenus dans la situation d'Alice Bridgenorth.

CHAPITRE XXXI.

« Le diable, mes amis, n'est jamais plus à craindre
» Que lorsque, pour cacher son vilain pied fourchu,
» De froc ou de soutane il se montre vêtu,
» Ou que du vieux Calvin il emprunte la robe »
Anonyme.

Julien Peveril avait à peine mis à la voile pour Whitehaven, qu'Alice Bridgenorth et sa gouvernante, d'après l'ordre tout-à-fait imprévu du major, se rendirent, ainsi que lui, avec autant de secret que de promptitude, à bord d'une barque qui devait les conduire à Liverpool. Christian les accompagna dans ce voyage. Alice savait qu'elle serait confiée à ses soins pendant tout le temps qu'elle devait être séparée de son père; et sa qualité d'oncle, sa conversation amusante et ses manières agréables, quoiqu'un peu froides, la portèrent, dans sa situation isolée, à se considérer comme heureuse d'avoir un tel protecteur.

Ce fut à Liverpool, comme le lecteur le sait déjà, que Christian fit, à découvert, le premier pas dans la carrière des projets infames qu'il avait conçus contre une innocente jeune fille, en la conduisant dans une chapelle de non-conformistes pour l'exposer aux regards profanes de Chiffinch, afin de le convaincre qu'elle possédait une beauté assez peu commune pour mériter la promotion avilissante qu'on lui destinait.

Déjà très-satisfait de son extérieur, Chiffinch ne le fut pas moins de l'esprit et du bon sens qu'elle montrait dans la conversation, lorsqu'il la revit ensuite à Londres avec son oncle. La simplicité, et en même temps la finesse de ses remarques, fit qu'il la regarda à peu près du même œil que son savant serviteur, le cuisinier français, aurait regardé une nouvelle sauce assez piquante pour réveiller l'appétit rassasié d'un épicurien blasé. Il dit et jura qu'elle était la vraie pierre fondamentale sur laquelle, avec des manœuvres convenables et en suivant ses instructions, quelques braves gens pouvaient élever leur fortune.

Pour l'introduire dans le séjour où il s'agissait de la fixer, les confédérés jugèrent à propos de la confier aux soins d'une dame pleine d'expérience, que quelques personnes appelaient mistress Chiffinch, et d'autres la maîtresse de Chiffinch (1). C'était une de ces créatures obligeantes, disposées à remplir tous les devoirs d'une

---

(1) *Whom some called mistress Chiffinch et others Chiffinch's mistress.* Le double sens du mot mistress forme ici une équivoque.

Éd.

épouse sans s'assujettir à une cérémonie incommode et à des nœuds indissolubles.

Une des suites de la licence de cette époque funeste aux mœurs, et ce n'était peut-être pas la moins préjudiciable, était que le terrain qui sert de limites entre le vice et la vertu était si bien nivelé, et se rapprochait des deux extrêmes par une pente si insensible, que l'épouse fragile et la tendre amie qui n'était pas épouse n'en perdaient pas pour cela leur place dans la société; mais, au contraire, si c'étaient des astres faisant leurs revolutions dans les sphères les plus élevées, elles étaient admises dans les sociétés avec les femmes dont le rang était distinct, et dont la réputation était intacte.

Une *liaison* régulière, comme celle qui existait entre Chiffinch et sa belle, ne causait donc guère de scandale; et telle était son influence comme premier ministre des plaisirs de son maître, que, comme Charles le disait lui-même, la dame que nous avons présentée à nos lecteurs dans le chapitre qui précède avait obtenu une commission par brevet pour prendre rang parmi les femmes mariées. Et, pour rendre justice à la bonne dame, nous devons dire que nulle épouse n'aurait pu être plus attentive à favoriser tous les projets de son mari, ni plus disposée à dépenser ses revenus.

On donnait le nom d'appartement de Chiffinch au local qu'elle habitait; et c'était la scène de maintes intrigues amoureuses et politiques. Charles y passait souvent les soirées, quand la mauvaise humeur de la duchesse de Portsmouth, sa sultane régnante, l'empêchait de souper avec elle, ce qui arrivait assez souvent. L'avantage que cette circonstance donnait à un homme comme Chiffinch, qui savait parfaitement en profiter, lui assurait trop d'importance pour qu'il fût négligé même par les premiers personnages de l'État, à moins qu'ils ne fussent entièrement étrangers à la politique et aux intrigues de la cour.

Ce fut à cette mistress Chiffinch et à celui dont elle portait le nom, qu'Édouard Christian confia la fille de sa sœur et de son ami trop confiant. Il contemplait avec calme sa ruine comme un événement certain, et se flattait qu'elle deviendrait pour lui la base d'une fortune plus assurée que celle qu'une vie passée dans les intrigues lui avait procurée jusqu'alors.

L'innocence de la pauvre Alice ne découvrait rien de blâmable ni dans le luxe extraordinaire qui l'entourait, ni dans les manières de son hôtesse, polie et caressante par caractère autant que par politique. Et cependant une sorte d'instinct semblait l'avertir qu'elle ne devait pas se livrer à une sécurité parfaite : espèce de sensation qui a peut-être quelque analogie avec cette prévoyance du danger que montrent tous les animaux quand ils se trouvent dans le voisinage de l'ennemi naturel de leur race; c'est ainsi que les oiseaux se rapprochent de la terre, dans leur vol, quand le faucon plane dans les airs, et que les quadrupèdes tremblent quand le tigre parcourt le désert. Elle sentait sur le cœur un poids que rien ne pouvait alléger, et le peu d'heures qu'elle avait déjà passées chez Chiffinch étaient comme celles que passe en prison celui qui ne connaît ni quelle est la cause de sa captivité ni quelle en sera la suite. Ce fut le troisième jour après son arrivée à Londres qu'eut lieu la scène que nous avons interrompue, et à laquelle nous allons revenir.

L'impertinence et le ton grossier d'Empson, qu'on

tolérait à cause de ses talens extraordinaires sur le flageolet, s'épuisaient aux dépens de tous les autres professeurs de musique; et mistress Chiffinch l'écoutait avec un air d'insouciance nonchalante, quand on entendit parler à voix haute et d'un ton animé dans la chambre voisine.

— O gémini! et eau de giroflée (1)! s'écria-t-elle, oubliant en ce moment ses grands airs et rentrant dans son caractère grossier; pourvu qu'il ne soit pas revenu! Et si le vieux Rowley.....

Elle allait ouvrir la porte qui communiquait avec la chambre dans laquelle on parlait; sa main en tenait déjà la clef, mais elle la quitta comme si elle se fût brûlé les doigts, en entendant frapper doucement à la porte de son appartement. Elle se rejeta promptement sur son sofa, et dit d'une voix languissante : — Qui est là ?

— Le vieux Rowley lui-même, madame, répondit le roi en entrant avec l'air de calme et d'aisance qui lui était habituel.

— Juste ciel! Votre Majesté....! je croyais.....

— Que je ne pouvais vous entendre, sans doute; et vous parliez de moi comme on parle des amis absens. Ne cherchez pas d'excuse : je crois avoir entendu dire à je ne sais quelle dame qu'il valait mieux avoir ses dentelles déchirées qu'une reprise mal faite. Asseyez-vous. Où est Chiffinch ?

— Il est à York-House, sire, répondit la dame en cherchant, non sans peine, à se remettre de son trouble. Lui enverrai-je les ordres de Votre Majesté ?

---

(1) Juron du temps, dont l'étymologie est incertaine — Éd.

— J'attendrai qu'il revienne, dit le roi. Permettez-moi de goûter votre chocolat.

— Il doit y en avoir de plus chaud dans l'office, répondit mistress Chiffinch. Elle se servit d'un sifflet d'argent, et un petit nègre richement vêtu, comme un page de l'Orient, avec des bracelets d'or et un collier de même métal, apporta le chocolat sur un plateau couvert des plus riches porcelaines.

Tout en prenant son déjeuner favori, le roi jeta les yeux autour de l'appartement; et voyant Fenella, Peveril et le musicien debout dans l'embrasure d'une croisée, il dit à mistress Chiffinch avec un air d'indifférence polie : — Je vous ai envoyé les violons ce matin, ou la flûte, pour mieux dire — Empson avec une petite fée que j'ai rencontrée ce matin dans le parc et qui danse à ravir. Elle nous a apporté de la cour de la reine Mab (1) la plus nouvelle sarabande, et je vous l'ai envoyée pour que vous en jugiez.

— Votre Majesté me fait beaucoup trop d'honneur, répondit mistress Chiffinch, les yeux modestement baissés, et avec un ton d'humilité affectée.

— A la vérité, ma petite Chiffinch, dit le roi avec un ton de familiarité aussi méprisante que le lui permettait sa politesse, ce n'était pas uniquement pour ton oreille, quoiqu'elle mérite d'entendre les sons les plus doux, que j'ai envoyé ici ces deux artistes incomparables; je croyais que Nelly serait avec toi ce matin.

— Je puis envoyer Bajazet la chercher, sire.

— Non, non, je ne veux pas donner cette peine à

(1) La reine des fées, appelée aussi Titania, femme d'Obéron.
ÉD.

votre petit sultan païen. Mais il me semble que Chiffinch m'a dit que vous avez compagnie chez vous, quelque cousine de campagne, je ne sais quoi de ce genre. N'avez-vous ici personne?

— Une jeune personne arrivée de province, répondit mistress Chiffinch en cherchant à cacher une partie de l'embarras qu'elle éprouvait; mais elle n'est pas préparée à l'honneur d'être admise en la présence de Votre Majesté.

— Tant mieux, Chiffinch : c'est précisément ce qu'il me faut. Rien n'est plus charmant dans la nature que la première rougeur d'une petite campagnarde partagée entre la joie et la crainte, entre la surprise et la curiosité. C'est le duvet qui orne la pêche. C'est bien dommage qu'il dure si peu. Le fruit reste ; mais le coloris brillant et la saveur exquise n'existent plus. Ne pincez pas les lèvres pour cela, Chiffinch : c'est comme je vous le dis : ainsi faites-nous venir la belle cousine.

Mistress Chiffinch, plus embarrassée que jamais, s'avança lentement vers la porte de communication qu'elle avait été sur le point d'ouvrir lorsque le roi était arrivé; mais, comme elle toussait assez fort, peut-être pour avertir quelqu'un qu'elle soupçonnait être dans cette chambre, la porte s'en ouvrit, et Alice se précipita dans l'appartement, poursuivie par l'entreprenant duc de Buckhingham, qui s'arrêta, immobile de surprise, en voyant que l'ardeur de sa poursuite l'avait amené en présence du roi.

Alice Bridgenorth paraissait trop courroucée pour faire attention aux personnes devant lesquelles elle se trouvait; et, s'adressant à mistress Chiffinch, elle lui dit du ton le plus déterminé : — Je ne resterai pas plus long-temps ici, madame : je veux quitter à l'instant une maison où je suis exposée à une compagnie que je déteste et à des sollicitations qui me font horreur.

Mistress Chiffinch, épouvantée, ne put que la supplier, à voix basse, de se taire, et lui dit en lui montrant Charles, dont les yeux étaient fixés sur l'audacieux courtisan plutôt que sur le gibier qu'il poursuivait, — Le roi...! le roi!

— Si je suis en présence du roi, dit Alice sur le même ton, tandis qu'on voyait briller dans ses yeux une larme arrachée par le ressentiment et par la pudeur outragée, c'est un bonheur pour moi. C'est le devoir de Sa Majesté de me protéger, et j'implore sa protection.

Ces mots, qui furent prononcés à voix haute et avec une noble hardiesse, rappelèrent Julien à lui-même, car il avait été jusqu'à ce moment comme une statue enchantée. Il s'approcha d'Alice, et, lui disant à l'oreille qu'elle avait près d'elle quelqu'un qui la défendrait au risque de sa vie, il la conjura de mettre sa confiance en lui dans cette occasion. Lui saisissant le bras avec un transport de joie et de reconnaissance, Alice ne put se voir appuyée par celui de tous les mortels qu'elle désirait peut-être le plus reconnaître comme son protecteur, sans qu'un torrent de larmes succédât au courage qu'elle venait de montrer. Elle souffrit que Peveril l'attirât doucement en arrière, en le tenant toujours par le bras, tout en cherchant à se cacher derrière lui, et ils attendirent en silence le dénouement d'une scène si singulière.

Le roi parut d'abord tellement surpris de l'apparition inattendue du duc de Buckingham, qu'il ne fit presque aucune attention à Alice, cause innocente qui avait amené le duc, avec si peu de cérémonie, en présence de son souverain, dans le moment le moins opportun. Dans cette cour féconde en intrigues, ce n'était pas la première fois que Buckingham entrait dans la lice de la galanterie comme rival de son maître, et c'était ce qui rendait en cet instant sa témérité encore plus impardonnable. Ses desseins, en s'introduisant dans cet appartement, se trouvaient expliqués par les plaintes et la conduite d'Alice; et Charles, malgré son caractère de douceur et l'empire qu'il avait habituellement sur ses passions, conçut autant de ressentiment de cette tentative pour séduire une maîtresse qui lui était destinée, qu'un sultan oriental en aurait ressenti de l'insolence d'un visir qui l'aurait devancé dans l'acquisition d'une belle esclave. Les traits pâles du roi se couvrirent de rougeur, et il dit d'une voix émue de colère : — Buckingham, vous n'auriez pas osé faire une pareille insulte à votre égal! Mais vous n'avez rien à craindre en faisant un affront à votre maître, puisque son rang retient son épée dans le fourreau.

Le courtisan hautain ne laissa pas ce reproche sans réponse. — La mienne, sire, dit-il avec emphase, n'est jamais restée dans le fourreau quand elle a pu être utile au service de Votre Majesté.

— Votre Grace veut dire, répliqua le roi, quand elle a pu être utile au service de son maître; car vous ne pouviez gagner la couronne de duc qu'en combattant pour celle du roi. Mais tout est dit : je vous ai traité en ami, en compagnon, presqu'en égal, et vous m'avez payé par l'insolence et l'ingratitude.

— Sire, répondit le duc avec fermeté, mais avec respect, je suis désespéré de vous avoir déplu ; mais je suis heureux de savoir que, si votre voix peut accorder des honneurs, elle ne peut ni les retirer ni les ternir. Il est dur, ajouta-t-il en s'approchant du roi et en baissant la voix de manière à n'être entendu que de lui, il est bien dur que les criailleries d'une fille fassent oublier en un instant les services de tant d'années.

— Il est encore plus dur, répliqua le roi du même ton, qui fut conservé pendant tout le reste de cet entretien, que les beaux yeux d'une fille puissent faire oublier à un des premiers seigneurs du royaume la décence qui doit être observée dans une maison royale.

— Puis-je prendre la liberté de demander à Votre Majesté en quoi consiste cette décence? dit Buckingham.

Charles se mordit les lèvres pour ne pas sourire. — Buckingham, dit-il, nous agissons en véritables fous. Nous ne devons pas oublier que nous avons des spectateurs de cette scène, et que nous devons maintenir notre dignité sur le théâtre. Je vous ferai sentir votre faute en particulier.

— C'est bien assez que Votre Majesté ait conçu quelque déplaisir, et que j'en aie été la cause infortunée, quoique je n'aie à me reprocher que quelques mots de galanterie, dit le duc en fléchissant un genou devant lui; et c'est ainsi que j'implore mon pardon de Votre Majesté.

— Je te l'accorde, Georges, dit le prince, facile à s'apaiser. Je crois que tu te lasseras plus vite de m'offenser que je ne me lasserai de te pardonner.

— Puisse Votre Gracieuse Majesté, dit le duc, vivre

assez long-temps pour commettre la faute dont il vient d'être son bon plaisir d'accuser mon innocence.

— Que voulez-vous dire, milord? dit Charles en fronçant de nouveau le sourcil.

— Vous avez trop d'honneur, sire, pour nier que vous soyez dans l'usage d'emprunter les flèches de Cupidon pour aller braconner sur les terres des autres. Votre Majesté s'est attribué un droit général de chasse sur les domaines de tous ses sujets. Devrait-elle donc montrer tant de mécontentement si elle entend le sifflement d'une flèche près des murs de son parc?

— Allons, qu'il n'en soit plus question. Mais voyons où s'est réfugiée la tourterelle contre laquelle la flèche était décochée.

— L'Hélène a trouvé un Pâris, sire, pendant que nous nous entretenions.

— Dites plutôt un Orphée; et, ce qu'il y a de pire, un Orphée qui a déjà une Eurydice. Elle s'est accrochée à l'homme de ce matin.

— C'est par frayeur, sire; comme Rochester, quand il se cacha dans la caisse d'une basse de viole pour se soustraire aux yeux de sir Dermot O'Cleaver.

— Il faut que ces gens nous donnent un échantillon de leurs talens, duc, et que nous leur fermions la bouche à force d'argent : sans quoi il ne va être question dans toute la ville que de cette sotte entrevue.

Le roi, s'approchant alors de Julien, lui dit de prendre son instrument, et de dire à sa compagne de danser une sarabande.

— J'ai déjà eu l'honneur de dire à Votre Majesté, répondit Julien, que je ne suis pas musicien, et qu'en conséquence je ne puis contribuer à ses plaisirs de cette manière. Quant à cette jeune personne, elle est...

— Au service de lady Powis, dit le roi, sur l'esprit de qui tout ce qui n'avait pas un rapport direct à ses plaisirs ne faisait qu'une légère impression. Pauvre femme! elle n'est pas trop à son aise à la Tour.

— Pardon, sire, dit Julien, mais je vous ait dit qu'elle était au service de la comtesse douairière de Derby.

— C'est vrai, c'est vrai; oui, de la comtesse de Derby, qui a aussi sa bonne part d'embarras. Savez-vous qui a appris à cette jeune personne à danser? Quelques-uns de ses pas ressemblent beaucoup à ceux de ce Lejeune, de Paris.

— Je crois qu'elle a appris la danse en pays étranger, sire. Quant à moi, j'ai été chargé par la comtesse d'une affaire importante dont je désirerais pouvoir rendre compte à Votre Majesté.

— Nous vous enverrons à notre secrétaire d'état. Mais il faut que cette danseuse, qui paraît avoir été envoyée avec vous, nous serve encore un plat de son métier. Ah! Empson, je m'en souviens, c'est au son de votre flageolet qu'elle a dansé ce matin. Allons, commencez sur-le-champ, et donnez la vie à ses pieds.

Empson obéit à l'instant; mais, suivant le projet qu'il avait formé, il fit entendre plus d'une fausse note. Le roi, dont l'oreille était fort juste, s'en aperçut sur-le-champ. — Drôle! s'écria-t-il, es-tu déjà ivre, de si bon matin? oses-tu t'oublier devant moi? Tu te crois né pour battre la mesure, mais je la ferai battre sur ton dos.

Le musicien se tint pour averti, et il eut soin de ne plus jouer que d'une manière digne de sa réputation méritée. Mais la musique ne fit pas la plus légère impression sur Fenella; elle restait en quelque sorte fixée contre le mur de l'appartement, pâle comme la mort, les bras pendans, immobile, et ne donnant d'autre signe d'existence que le mouvement d'un sein agité et quelques larmes qui s'échappaient de ses yeux à demi fermés.

— Sur quelle herbe ont-elles donc toutes marché? s'écria le roi : il y a donc quelque mauvais vent qui souffle! Allons, ma fille, égayez-vous. Vous étiez une nymphe, et vous voilà une Niobé! Qui diable vous a métamorphosée de la sorte? Eh bien! si vous restez toujours ainsi, vous vous attacherez à cette muraille comme une tablette de marbre. Mais, dites-moi, Georges, n'auriez-vous pas aussi décoché quelque flèche de ce côté?

Avant que Buckingham eût pu répondre, Julien fléchit le genou devant le roi, et le supplia de l'entendre un instant. — Cette jeune infortunée, lui dit-il, est depuis long-temps au service de la comtesse de Derby, et elle ne peut ni parler ni entendre.

— Comment diable! et elle danse si bien! Allons donc, tout le collège de Gresham ne me ferait pas croire une pareille chose.

— Je l'aurais crue impossible aussi, sans ce que j'ai vu ce matin. Mais, sire, ne me permettrez-vous pas de vous présenter l'humble pétition de la comtesse?

— Et qui êtes-vous vous-même, jeune homme? car, quoique tout ce qui porte cornette et jupon ait droit de parler à un roi, et d'en obtenir une réponse, je ne crois pas que tout le monde puisse réclamer le privilège de se faire entendre par un envoyé extraordinaire.

—Je suis Julien Peveril, sire, fils de sir Geoffrey Peveril, du château de Martindale, qui....

— Sur mon ame! un des vieux braves de Worcester. Comment diable! je me le rappelle fort bien. Mais il lui est arrivé quelque chose, je pense. N'est-il pas mort? n'est-il pas malade?

— Il est fort mal à l'aise, sire, mais il n'est pas malade. Il a été mis en prison, faussement accusé d'avoir pris part à la conspiration.

— Voyez-vous cela? je savais fort bien qu'il lui était arrivé quelque accident. Et cependant je ne sais trop comment tirer d'embarras le brave chevalier. A peine puis-je échapper moi-même au soupçon d'avoir trempé dans cette conspiration, quoiqu'on dise qu'elle a pour principal objet de m'ôter la vie. Si je remuais un doigt pour sauver un des conspirateurs, on m'accuserait bien certainement d'en être complice. Buckingham, tu as quelque crédit sur ceux qui ont construit cette belle machine de guerre, ou du moins qui l'ont traînée. Montre de la bonté d'ame pour une fois, quoique ce ne soit guère ta coutume, et interviens en faveur de notre vieil ami de Worcester, de sir Godfrey. Tu ne l'as pas oublié?

— Non, sire, car je n'ai jamais entendu prononcer ce nom.

— C'est sir Geoffrey que Sa Majesté a voulu dire, milord, dit Julien.

— Et quand Sa Majesté aurait dit sir Geoffrey, M. Peveril? je ne vois pas ce que je puis faire pour votre père : il est accusé d'un crime capital, et tout sujet anglais, en ce cas, ne peut obtenir la protection ni du prince ni d'un pair; il faut qu'il attende son jugement ou sa justification de Dieu et de son pays.

— Que le ciel te pardonne ton hypocrisie, Georges, s'écria le roi avec un mouvement de vivacité : j'aimerais autant entendre le diable prêcher la religion que le duc de Buckingham parler de patriotisme. Tu sais aussi bien que moi que la nation est dans un accès de fièvre ardente, de peur de ces pauvres catholiques qui ne sont pas deux contre cinq cents, et que l'esprit du public est tellement harassé de récits de complots et des nouvelles horreurs qu'on débite tous les jours, qu'on ne distingue pas plus ce qui est juste ou injuste que ceux qui parlent en dormant ne savent ce qui est raison ou déraison. J'ai souffert long-temps ce délire. J'ai vu couler le sang sur l'échafaud, craignant, si je m'y opposais, d'irriter encore la fureur de la nation, et je prie Dieu que ni moi ni les miens nous n'en soyons un jour rendus responsables. Mais je ne veux plus me laisser entraîner par un torrent que mon honneur et ma conscience m'ordonnent d'arrêter. Je veux agir en souverain, et épargner à mon peuple, même en dépit de lui-même, le regret qu'il aurait un jour d'avoir commis de nouvelles injustices.

Charles marchait à grands pas dans la chambre, en exprimant avec une énergie extraordinaire des sentimens qui ne l'étaient pas moins. Après un moment de silence, le duc lui dit d'un ton grave:

— C'est parler en roi, sire; mais, pardon, non pas en roi d'Angleterre.

Tandis que le duc prononçait ces paroles, Charles s'arrêta devant une fenêtre qui donnait sur Whitehall, et ses yeux furent attirés involontairement vers la fatale croisée par laquelle son malheureux père était sorti pour monter à l'échafaud. Charles était brave par caractère, ou pour mieux dire, par tempérament; mais une vie passée dans les plaisirs, et l'habitude de se conduire d'après les circonstances plutôt que d'après des principes de justice, le rendaient peu propre à braver la même scène de danger et de martyre qui avait terminé le règne et la vie de son père, et cette pensée fit évanouir sa résolution à demi formée, comme la pluie éteint un feu qu'on vient d'allumer. Dans tout autre prince, sa perplexité aurait pu paraître ridicule; mais rien ne pouvait faire perdre à Charles la grace et la dignité qui lui étaient aussi naturelles que son indifférence et sa bonne humeur.

— Notre conseil décidera de cette affaire, dit-il en regardant le duc. — Quant à vous, jeune homme, ajouta-t-il en se tournant vers Julien, soyez assuré que votre père trouvera un intercesseur dans son roi, autant que les lois me permettront d'intervenir en sa faveur.

Julien était sur le point de se retirer, quand Fenella, en lui adressant un coup d'œil expressif, lui mit en main un petit morceau de papier sur lequel elle avait écrit à la hâte : « Et le paquet?.... Donnez le paquet. »

Après avoir hésité un moment, Julien, réfléchissant que Fenella était souvent l'organe des volontés de la comtesse, et qu'elle exécutait probablement ses ordres, se décida à suivre son avis.

— Sire, dit-il, permettez-moi de remettre entre les mains de Votre Majesté ce paquet, que m'a confié la comtesse de Derby. Les lettres qu'il contient m'ont déjà été dérobées une fois, et il ne me reste guère d'espoir à présent de pouvoir les remettre à leurs adresses. Je les place donc entre vos mains, certain qu'elles attesteront l'innocence de celle qui les a écrites.

Le roi reçut le paquet avec un air de répugnance, et dit en secouant la tête : — Vous vous êtes chargé d'une commission périlleuse, jeune homme : on a quelquefois coupé la gorge à un messager pour s'emparer de ses dépêches. N'importe, je les reçois. Mistress Chiffinch, donnez-moi de la cire et une bougie.

Pendant que la maîtresse de la maison obéissait, Charles s'occupait à faire une seconde enveloppe au paquet de la comtesse. — Buckingham, dit-il, je vous prends à témoin que je n'ai pas lu ces lettres avant que le conseil les voie.

Le duc lui offrit ses services pour faire l'enveloppe; mais le roi persista à s'en charger lui-même, et, quand il l'eut finie, il la cacheta avec sa propre bague, tandis que Buckingham se mordait les lèvres de dépit.

— Maintenant, jeune homme, dit le roi à Julien, votre commission est terminée : du moins quant à présent.

Peveril, interprétant avec raison ce peu de mots comme un ordre de se retirer, salua profondément, et s'avança vers la porte. Alice Bridgenorth, qui avait toujours la main passée sous le bras de Julien, fit un mouvement pour le suivre. Le roi et Buckingham se regardèrent l'un l'autre d'un air surpris, et cependant avec une légère envie de sourire, tant il leur paraissait bizarre qu'une proie qu'ils se disputaient quelques instans auparavant leur fût enlevée par un troisième compétiteur, qui n'était pas de force à soutenir une lutte contre aucun d'eux.

— Mistress Chiffinch, dit le roi avec un embarras qu'il ne put déguiser, est-ce que cette jeune fille va vous quitter?

— Non certainement, sire, répondit la dame. Alice, ma chère amie, vous vous trompez. Voici la porte qui conduit à votre appartement.

— Pardonnez-moi, madame, répondit Alice; je me suis trompée, à la vérité, mais c'est lorsque je suis entrée dans cette maison.

Buckingham lança sur le roi un coup d'œil aussi expressif que l'étiquette le lui permettait, et le tournant vers Alice, qui tenait le bras de Julien: — Cette demoiselle errante, dit-il, n'a pas envie de se tromper de route une seconde fois; elle a fait choix d'un bon guide.

— Et cependant, dit le roi, mainte histoire nous apprend que de pareils guides ont égaré plus d'une demoiselle.

Alice rougit, mais elle reprit toute sa fermeté en voyant que sa liberté allait probablement dépendre de l'usage qu'elle ferait d'une résolution bien prononcée. Elle abandonna, par un sentiment de délicatesse blessée, le bras de Julien, qu'elle avait tenu jusqu'alors; mais, tout en parlant, elle continua à tenir légèrement la basque de son habit.

— Oui, je me suis trompée de route, dit-elle en s'adressant toujours à mistress Chiffinch, lorsque j'ai passé le seuil de cette porte; et l'indignité à laquelle j'ai été exposée dans votre maison m'a déterminée à en sortir à l'instant.

— C'est ce que ne permettrai pas, jusqu'à ce que votre oncle, qui vous a placée sous mes soins, m'ait dégagée de ma responsabilité.

— Je me charge, madame, de répondre de ma conduite à mon oncle et, ce qui est plus important, à mon père. Vous ne pouvez m'empêcher de partir : je suis libre, et vous n'avez pas le droit de me retenir.

— Pardonnez-moi, miss Alice, j'en ai le droit, et je le ferai valoir.

— C'est ce que je vais savoir à l'instant, dit Alice avec fermeté; et, s'avançant vers le roi, elle s'agenouilla devant lui : — Sire, lui dit-elle, s'il est vrai que je me trouve en ce moment devant le roi Charles, vous êtes le père de vos sujets.

— Oui, d'un assez bon nombre d'entre eux, dit à part le duc de Buckingham.

— Je réclame votre protection, continua Alice, au nom de Dieu, au nom du serment que vous avez prêté lorsque la couronne de ce royaume a été placée sur votre tête.

— Vous avez ma protection, lui dit le roi un peu confus d'un appel si solennel et si inattendu; restez en paix chez cette dame, où vos parens vous ont placée, et je vous garantis que ni Buckingham ni qui que ce soit ne vous importunera.

L'esprit mordant de la contradiction possédait tellement Buckingham, que jamais il ne pouvait résister à l'envie de placer un sarcasme, en dépit de toutes les convenances et même contre son propre intérêt. — Sa Majesté, dit-il à Alice, vous préservera de toute visite importune, excepté de celles qui ne peuvent être appelées une importunité.

Alice lança sur le duc un regard pénétrant comme pour lire dans ses pensées, et tourna ensuite ses yeux sur le roi, comme pour voir si elle avait bien interprété ce qu'elle venait d'entendre. Elle vit sur le front de Charles une confusion coupable, qui la confirma dans la résolution de partir. — Votre Majesté me pardonnera, dit-elle; ce n'est pas en ce lieu que je puis jouir de l'avantage de sa protection; je suis déterminée à sortir de cette maison. Si l'on m'y retient, ce sera par violence, et j'espère que personne n'osera y avoir recours en présence de Votre Majesté. Monsieur, que je connais depuis long-temps, voudra bien me reconduire chez mon père.

— Nous faisons une assez sotte figure dans cette scène, dit le roi à l'oreille du duc de Buckingham. Il faut la laisser partir : je ne veux ni n'ose l'empêcher de retourner chez son père.

— Et si elle y retourne, jura le duc intérieurement, je consens, comme le disait sir André, à ne jamais toucher la main blanche d'une belle dame. Reculant alors quelques pas, il dit un mot à voix basse à Empson, qui sortit de l'appartement un instant, et y rentra presque aussitôt.

Le roi semblait indécis sur ce qu'il devait faire dans une circonstance si singulière. Se laisser déjouer dans une intrigue galante, c'était s'exposer à devenir la fable de toute sa cour; y persister par des moyens qui approcheraient de la contrainte, ce serait agir en tyran, et, ce qui ne lui déplaisait peut-être pas moins, d'une manière indigne d'un homme bien né.

— Sur mon honneur, jeune dame, lui dit-il enfin, vous n'avez rien à craindre dans cette maison; mais il ne convient pas, par égard pour vous-même, que vous la quittiez si brusquement. Ayez la bonté d'attendre seulement un quart d'heure, et la voiture de mistress

Chiffinch sera à vos ordres pour vous conduire où bon vous semblera. Épargnez-nous, à vous le désagrément, et à moi le déplaisir de vous montrer fuyant la maison d'un de mes serviteurs, comme si vous vous échappiez d'une prison.

Le roi parlait ainsi avec sincérité et en suivant l'impulsion d'un bon cœur, et Alice fut un moment tentée d'écouter son avis ; mais se rappelant qu'il fallait qu'elle cherchât son père, son oncle, ou quelque endroit convenable pour y résider provisoirement, si elle ne les trouvait pas, elle réfléchit tout à coup que les domestiques de mistress Chiffinch n'étaient pas les guides auxquels elle pouvait se fier. Elle annonça donc avec respect, mais avec fermeté, sa détermination de partir à l'instant. Elle n'avait besoin, ajouta-t-elle, d'aucune protection que de celle de M. Julien Peveril, qui était bien connu de son père, et qui se chargerait de la reconduire chez lui. Elle n'en avait même besoin que jusqu'à sa réunion avec son père.

— Adieu donc, au nom du ciel, belle dame, dit Charles ; je suis fâché que tant de beauté soit jointe à tant de méfiance. Quant à vous, M. Peveril, j'aurais cru que vos propres affaires auraient dû vous occuper assez pour vous ôter l'envie de vous mêler des caprices du beau sexe. Le devoir de conduire dans le bon chemin une demoiselle égarée est un peu difficile, de la manière dont vont les choses dans cette bonne ville, pour un jeune homme sans expérience.

Julien, n'ayant rien plus à cœur que d'éloigner Alice d'un endroit dont il commençait à apprécier pleinement les périls, ne répondit rien à ce sarcasme, salua avec respect, et sortit avec elle de l'appartement. Son apparition soudaine et la scène animée dont elle avait été suivie avaient entièrement absorbé pour le moment le souvenir de la comtesse de Derby, et même celui de son père; et, tandis que la confidente muette de la comtesse restait dans la chambre, spectatrice silencieuse, et en apparence étourdie de tout ce qui venait d'arriver, Peveril, entièrement occupé des intérêts d'Alice, avait tout-à-fait oublié cette jeune infortunée.

Mais il ne fut pas plus tôt parti sans penser à elle et sans y faire aucune attention, que Fenella, semblant s'éveiller tout à coup, releva la tête en tressaillant, et porta autour d'elle des yeux égarés, comme pour bien s'assurer que son compagnon était sorti sans songer à elle. Elle joignit les mains, leva les yeux en l'air, et il y avait une telle expression d'angoisse dans ses regards, que Charles crut pouvoir expliquer les idées pénibles qui se passaient dans son esprit.

— Ce Peveril est un modèle parfait d'heureuse perfidie, dit-il. Non-seulement il a réussi à la première vue à enlever cette reine des Amazones, mais il nous a laissé, je crois, une Ariane désolée en sa place. Ne pleurez pas, ma princesse de l'agilité et de la gentillesse! Si nous ne pouvons appeler Bacchus à votre secours, nous vous confierons aux soins d'Empson, qui est en état de tenir une gageure contre le dieu du vin, à qui boira le mieux, et je serai le premier à parier pour lui.

A peine le roi avait-il prononcé ces paroles, que Fenella passa devant lui avec sa légèreté ordinaire; et, sans s'inquiéter si elle y mettait le respect dû à la présence d'un monarque, sans songer à s'adresser à lui en aucune manière, elle sortit du salon, descendit précipitamment l'escalier, traversa la cour, et quitta la maison. Charles vit son brusque départ avec plus de surprise que de déplaisir; et après un grand éclat de rire, il dit au duc de Buckingham : — Comment diable! Georges, ce jeune étourneau pourrait apprendre au plus savant de nous à s'emparer du cœur des belles! J'ai quelque expérience en ce genre; mais je n'ai jamais pu réussir à les gagner ou à les perdre avec si peu de cérémonie.

— L'expérience est le fruit des années, sire, dit le duc de Buckingham.

— C'est la vérité, Georges, répliqua le roi, et vous voulez sans doute me donner à entendre que ce qu'on gagne en expérience, on le perd en jeunesse. Mais je me moque de cette insinuation, Georges. Vous n'êtes pas plus fin que votre maître, tout vieux que vous le croyez, ni en amour ni en politique. Vous ne connaissez pas le secret de plumer la poule sans la faire crier, témoin votre besogne de ce matin. Je vous ferai un avantage à tous les jeux, oui, même à la paume, si vous osez accepter mon défi. Eh bien, Chiffinch, pourquoi gâter ta jolie figure pour forcer tes yeux à verser quelques larmes rebelles.

— C'est que je crains, répondit mistress Chiffinch d'un ton larmoyant, que Votre Majesté ne pense..., que vous ne vous imaginiez...

— Que je ne m'imagine trouver de la reconnaissance dans un courtisan et de la bonne foi dans une femme? répliqua le roi en lui passant la main sous le menton pour lui relever la tête; non, mon enfant, je ne suis pas si ridicule.

— Voilà ce que c'est, dit-elle en poussant des cris pour remplacer les larmes qu'elle se sentait hors d'état de verser ; je vois bien que Votre Majesté est déterminée à jeter tout le blâme sur moi, qui suis aussi innocente que l'enfant au berceau. Je m'en rapporte à Sa Grace.

— Sans doute, sans doute, Chiffinch, dit le roi, Sa Grace et vous, vous serez d'excellens juges dans la cause de l'un et de l'autre, et chacun de vous sera aussi pour l'autre un excellent témoin. Mais, pour instruire cette affaire avec impartialité, il faut que je vous entende tous deux séparément. Milord, je vous attends à midi pour une partie de paume, si votre Grace ose accepter mon défi.

Le duc de Buckingham salua, et se retira.

CHAPITRE XXXII.

« Mais quand le spadassin, d'un air audacieux,
» Enfonçant fièrement son chapeau sur ses yeux,
» En passant près de vous rudement vous coudoie,
» Et vient effrontément vous disputer la voie,
» Jetez le, s'il se peut, dans le ruisseau voisin.
» Et pourtant, si vous même il vous y jette enfin
» Gardez-vous bien surtout, pour cette bagatelle,
» De vous faire avec lui quelque sotte querelle »

GAY. *Trivia*

JULIEN PEVERIL, conduisant Alice Bridgenorth et lui servant d'appui, était arrivé au milieu de Saint-James's-Street avant d'avoir pensé au chemin qu'il devait suivre. Il lui demanda où elle désirait qu'il la conduisît; et il apprit avec surprise et embarras que, bien loin de savoir où elle trouverait son père, elle ne savait même pas s'il était à Londres, et qu'elle espérait seulement qu'il pourrait y être arrivé, d'après quelques mots qu'il

lui avait dits à l'instant de son départ. Elle lui donna l'adresse de son oncle Christian; mais ce fut en hésitant et avec un air d'inquiétude, en se souvenant en quelles mains il l'avait confiée; dès que quelques mots eurent établi dans l'esprit de son jeune guide l'identité de Ganlesse avec Christian, il la confirma dans la répugnance qu'elle avait à se mettre de nouveau sous sa protection.
— Quel parti prendre?

— Alice, dit Julien après un moment de réflexion, il faut que vous alliez trouver votre plus ancienne amie, ma mère. Elle n'est pas maintenant dans un château pour vous y recevoir; elle n'a qu'un misérable appartement, si voisin de la prison où mon père est enfermé, qu'il semble en faire partie. Je ne le sais que par les informations que j'ai prises, car je ne l'ai pas encore vue depuis mon arrivée à Londres. Quel que soit son logement, nous allons nous y rendre; je sais qu'elle le partagera volontiers avec une jeune fille innocente et sans appui comme vous l'êtes.

— Juste ciel! s'écria la pauvre fille, suis-je donc assez abandonnée pour être forcée d'aller implorer la compassion de celle qui, dans le monde entier, a le plus de raisons pour me repousser loin d'elle? Julien, pouvez-vous me donner un tel avis! N'existe-t-il aucun autre lieu où je puisse obtenir un asile pour quelques heures, jusqu'à ce que je puisse avoir des nouvelles de mon père? Ne puis-je trouver d'autre protection que celle dont je crains que la ruine n'ait été achevée par... Non, Julien, je n'ose paraître devant votre mère. Elle doit me haïr à cause de ma famille, et elle me mépriserait pour cette bassesse. Après qu'elle a été si mal payée de sa protection, aller la lui demander une seconde fois! Non, Julien, non; je ne puis vous suivre.

— Elle n'a jamais cessé de vous aimer, Alice, lui répondit Peveril, dont elle continuait à suivre les pas tout en lui annonçant sa résolution de n'en rien faire; elle a toujours pris intérêt à vous et même à votre père. Quoiqu'il nous ait traités bien durement, elle peut pardonner bien des choses à cause des provocations qu'il avait reçues. Croyez-moi, vous serez auprès d'elle en sûreté comme auprès d'une mère. Peut-être même contribuerez-vous à mettre fin à des divisions qui nous ont été si funestes.

— Dieu le veuille! dit Alice. Mais comment pourrai-je lever les yeux sur votre mère? Et pourra-t-elle me protéger contre ces hommes puissans, contre mon oncle Christian? Hélas! pourquoi me faut-il l'appeler mon plus cruel ennemi?

— Elle a pour vous défendre, répondit Julien, l'ascendant que doivent avoir l'honneur sur l'infamie, et la vertu sur le vice. Nul pouvoir sur la terre, que la volonté de votre père, ne pourra vous arracher de ses bras, si vous consentez à y chercher un asile. Venez donc, Alice, venez, et.....

Julien fut interrompu par quelqu'un qui, saisissant son habit sans cérémonie, le tira avec tant de force, qu'il se retourna en mettant la main sur sa rapière; mais au même instant il vit Fenella. Les joues de la jeune muette étaient enflammées, ses yeux étincelaient, et ses lèvres étaient serrées l'une contre l'autre, comme si elle eût eu besoin de faire un effort sur elle-même pour réprimer ces cris inarticulés qu'elle faisait entendre quand elle était agitée par quelque passion violente, et qui auraient attiré la foule à l'instant si elle les eût poussés dans la rue. Et cependant son air était si singulier et son émotion si évidente, que chacun la regardait en passant, et se retournait pour la regarder encore après avoir passé, tant on était frappé de l'étrange vivacité de tous ses gestes, tandis que, tenant d'une main l'habit de Peveril, elle lui faisait signe, d'un air pressant et impérieux, qu'il fallait qu'il quittât Alice Bridgenorth, et qu'il la suivît. Elle toucha la plume qui surmontait sa toque, pour lui désigner le comte; mit la main sur son cœur pour lui rappeler la comtesse; leva une de ses mains, comme pour lui donner des ordres de leur part; les joignit comme pour le supplier en son propre nom; enfin, regardant Alice avec des yeux exprimant la colère et le mépris, elle fit un geste de la main pour lui faire entendre qu'il devait l'abandonner comme un être indigne de sa protection.

Effrayée, sans savoir pourquoi, de ces gestes étranges, Alice, tenant toujours le bras de Julien, se serra contre lui plus qu'elle n'avait d'abord osé le faire; et cette marque de confiance parut redoubler encore la colère de Fenella.

Julien se trouvait dans un cruel embarras; sa situation était déjà assez précaire, même avant que les passions indomptables de Fenella fussent venues menacer de faire échouer le seul plan qu'il eût été en état de suggérer. Que lui voulait-elle? Il ne pouvait même s'imaginer jusqu'à quel point le destin du comte et de sa mère pouvait dépendre de sa docilité à suivre la jeune muette; mais, quoi qu'il en fût, il résolut de n'en rien faire avant d'avoir placé Alice en lieu de sûreté. Cependant il ne voulut pas perdre Fenella de vue; et, malgré le dédain avec lequel elle avait plusieurs fois refusé le bras qu'il lui offrait, il parvint à l'apaiser au point que, désespérant sans doute de le déterminer à la suivre, elle se décida à l'accompagner elle-même partout où il voudrait aller, et passa enfin la main sous son bras droit.

Marchant ainsi entre deux jeunes personnes, toutes deux faites pour exciter l'attention, quoique par des motifs différens, Julien résolut de choisir le chemin le plus court pour gagner le bord de l'eau, et y prendre une barque qui le conduirait à Black-Friars, lieu de débarquement le plus voisin de la prison de Newgate, ou il présumait que Lance-Outram avait déjà annoncé son arrivée à Londres à sir Geoffrey, et où lady Peveril partageait et adoucissait son emprisonnement, autant que le lui permettaient les rigueurs du geôlier.

L'embarras de Julien fut si grand en traversant Charing-Cross pour gagner Northumberland-House, qu'il attira l'attention de tous les passans, car il avait à régler sa marche de manière à modérer la course rapide et inégale de Fenella, et à ne pas laisser en arrière son autre compagne, qui marchait d'un pas lent et timide; et tandis qu'il lui aurait été inutile de parler à la première, puisqu'elle ne pouvait l'entendre, il n'osait adresser un seul mot à Alice, de peur de porter jusqu'à la frénésie la jalousie ou du moins l'impatience de Fenella.

Plusieurs passans les regardaient avec surprise, et quelques-uns en souriant; mais Julien remarqua deux hommes qui ne le perdaient jamais de vue et à qui sa situation et les manières de ses compagnes semblaient fournir un sujet de gaieté qu'ils ne cherchaient point à cacher : c'étaient des jeunes gens semblables à ceux qu'on peut voir aujourd'hui dans les environs du même lieu, sauf la différence de leur costume. Ceux-ci portaient une grande perruque, et étaient couverts d'une profusion de rubans disposés en nœuds sur leurs manches, leurs culottes et leurs vestes, suivant la mode d'alors. Une quantité de dentelles et de broderies rendaient leur costume plus riche que de bon goût. En un mot, ils offraient cette espèce de caricature outrée de la mode annonçant quelquefois un jeune écervelé de qualité jaloux de se faire citer comme un petit-maître du premier ordre, quoiqu'elle soit plus souvent le déguisement de ceux qui veulent se faire passer pour des gens du bon ton par leurs vêtemens, parce qu'ils n'ont aucun autre moyen pour se distinguer de la foule.

Ces deux freluquets passèrent plusieurs fois devant Peveril, en se tenant par le bras; alors ils s'arrêtaient pour le laisser passer à son tour, riant et chuchotant pendant toutes ces manœuvres, le regardant sous le nez ainsi que ses deux compagnes, et ne se dérangeant nullement pour leur livrer passage, comme la bienséance l'exigeait, lorsqu'ils se trouvaient en contact.

Peveril ne remarqua pas immédiatement leur impertinence; mais quand elle devint trop grossière pour ne pas frapper son attention, sa bile commença à s'enflammer, et outre les autres embarras de sa situation, il eut à combattre un violent désir de bâtonner les deux fats qui semblaient déterminés à l'insulter. Les circonstances lui imposaient la nécessité de la patience et de la prudence; mais enfin il lui devint presque impossible d'en suivre plus long-temps les conseils.

Quand il fut obligé de passer pour la troisième fois devant ces impertinens, ils le suivirent pas à pas, en parlant assez haut pour être entendus, et d'un ton qui faisait voir qu'ils s'inquiétaient fort peu de l'être.

— Ce rustre n'est pas malheureux, dit le plus grand des deux, homme d'une taille remarquable, en faisant allusion aux vêtemens fort simples que portait Peveril, et qui ne répondaient guère au luxe régnant alors à Londres. Deux si jolies filles sous la garde d'une casaque grise et d'un bâton de chêne!

— Dites donc ce puritain, et pire encore, dit son compagnon. Ne voyez-vous pas le puritanisme dans son allure et dans sa patience?

— Juste comme une pinte bien mesurée, Tom, reprit le premier, Issachar est un âne courbé entre deux fardeaux (1).

— J'ai une certaine envie, dit Tom, de débarrasser de l'un des deux l'animal à longues oreilles. Cette naine aux grands yeux noirs a l'air de chercher à se délivrer de sa compagnie.

— C'est vrai, ajouta l'autre, et cette trembleuse aux yeux bleus semble vouloir rester en arrière pour se jeter dans mes bras.

A ces mots, Alice, s'attachant plus fortement que jamais au bras de Peveril, doubla le pas presqu'au point de courir, afin de s'éloigner de gens dont le langage était si alarmant, et Fenella se mit aussi à marcher encore plus vite qu'auparavant, es gestes et la conduite de ces deux hommes lui ayant peut-être causé la même frayeur que leurs discours avaient inspirée à Alice.

Craignant les suites d'une querelle qui devait néces-

---

(1) Citation biblique dans le style puritain. — ÉD.

sairement le séparer de deux jeunes filles dont il était le seul protecteur, Peveril appela à son secours toute la prudence qui lui restait pour faire taire son ressentiment; et comme ces deux fâcheux impertinens voulaient encore passer devant eux, près de l'escalier d'Hungerford (1), il leur dit avec un calme forcé : — Messieurs, je vous dois des remerciemens pour l'attention que vous daignez faire à un étranger. Vous plairait-il de me dire où je pourrai vous rencontrer?

— Et dans quel dessein, lui dit le plus grand des deux, votre gravité rustique, ou votre très-grave rusticité nous fait-elle cette demande ?

Tandis qu'il parlait ainsi, tous deux se placèrent devant Julien, de manière à lui barrer entièrement le passage.

— Descendez l'escalier, Alice, s'écria-t-il, je vous rejoindrai dans un moment. Se débarrassant alors, non sans difficulté, de ses deux compagnes, qui le retenaient, il entoura à la hâte son bras gauche de son manteau, et dit d'un ton fier à ses antagnistes : — Voulez-vous me donner vos noms ou me faire place, messieurs ?

— Nous ne ferons ni l'un ni l'autre avant de savoir à qui nous avons affaire, répondit l'un d'eux.

— A quelqu'un qui vous donnera une leçon de ce qui vous manque, une leçon de savoir-vivre, répondit Peveril, et il s'avança brusquement comme pour passer entre eux.

Ils se séparèrent; mais l'un d'eux avança le pied devant Peveril comme s'il voulait lui donner un croc-en-

(1) Escalier qui conduit à la Tamise près du Strand. — ÉD

jambe pour le faire tomber. Julien sentait déjà bouillonner dans ses veines tout son noble sang ; il appliqua sur les epaules du provocateur un grand coup du bâton de chêne qui avait excité leurs sarcasmas; et, le jetant loin de lui, il prit en main sa rapière. Ses deux adversaires en firent autant sur-le-champ, et l'attaquèrent simultanément. Peveril reçut dans son manteau la lame d'un de ses ennemis, et para le coup que lui portait l'autre. Il n'aurait peut-être pas été aussi heureux au second; mais un cri général s'était déjà élevé parmi les bateliers : *Fi! fi! c'est une honte! Deux contre un!*

— Ce sont des gens du duc de Buckingham, dit l'un d'entre eux : il ne ferait pas bon de s'y frotter.

—Quand ce seraient des gens du diable, dit un ancien triton en brandissant son aviron, je dis qu'il faut de l'égalité en tout, et vive la vieille Angleterre! J'assommerai ces coquins à galons d'or s'ils ne se conduisent décemment avec l'habit gris. Quand l'un sera à bas, que l'autre se présente.

La populace de Londres a été remarquable en tout temps pour le plaisir avec lequel elle voit un combat soit au bâton, soit à coups de poing, et pour l'équité impartiale avec laquelle elle veille à ce que tout s'y passe régulièrement entre les adversaires. La noble science de l'escrime était si généralement connue à cette époque, qu'un combat à la rapière excitait autant d'intérêt et aussi peu de surprise qu'une lutte entre deux boxeurs en fait naître de nos jours. Les spectateurs formèrent à l'instant même un cercle dans lequel Peveril et le plus grand de ses antagonistes, qui était aussi le plus animé, se livrèrent bientôt un combat singulier, tandis que l'autre en avait été repoussé par les bateliers, qui ne lui permirent pas de se mêler de la querelle.

— Bien poussé, longues jambes! — Bravo! — Huzza pour les deux aunes et un quart! Tels étaient les cris qu'excita le commencement du combat : car non-seulement l'ennemi de Peveril montrait autant d'adresse que de force et d'activité, mais il avait un avantage marqué, à cause de l'inquiétude avec laquelle Julien cherchait à chaque instant à apercevoir Alice, pour la sûreté de laquelle il éprouvait plus de crainte que pour sa propre vie; de sorte que ces distractions lui firent oublier un instant qu'il ne s'agissait de rien moins que de défendre ses jours : une égratignure qu'il reçut au côté le lui rappela, en le punissant de son inattention ; s'occupant alors uniquement d'une affaire si sérieuse, et animé par sa colère contre cet impertinent querelleur, il donna bientôt une autre face au combat, et l'on entendit crier : — Bravo, l'habit gris! Voyez si son gilet doré est bien doublé. Bien poussé! parfaitement paré! Faites une autre boutonnière à son habit brodé. Le voilà pincé, de par Dieu! Cette dernière exclamation fut suivie d'un brouhaha confus d'applaudissemens pendant lesquels Peveril, poussant à propos une botte, passa sa rapière au travers du corps de son antagoniste. Il regarda un instant son ennemi renversé, et revenant à lui sur-le-champ, il demanda ce qu'était devenue la dame qu'il accompagnait.

— Ne pensez pas à elle, si vous êtes sage, dit un des bateliers. Le constable va arriver dans une minute. Je vous ferai traverser l'eau en un clin d'œil. Dame! il y va de votre cou. Je ne vous prendrai qu'un jacobus.

— Tu seras damné, comme ton père l'a été avant

toi, s'écria un de ses rivaux, c'est-à-dire un homme exerçant la même profession. Pour un jacobus, je conduirai Son Honneur en Alsace (1), et ni bailli ni constable ne sera assez hardi pour l'y suivre.

— Mais la dame, misérables! la dame! s'écria Peveril, qu'est-elle devenue?

— Je conduirai Votre Honneur où vous ne manquerez pas de dames, si c'est là ce qu'il vous faut, dit le vieux triton; et, pendant qu'il parlait, les clameurs des bateliers se renouvelèrent, chacun désirant tirer parti de la situation dangereuse où se trouvait Julien.

— Un batelet sera moins suspect, Votre Honneur, dit un batelier.

— Une barque à deux rames vous fera courir sur l'eau comme un canard sauvage, dit un autre.

— Mais vous n'avez point de banne (2), camarades, s'écria un troisième, et ma barque en a une sous laquelle Son Honneur sera aussi bien caché que s'il était à fond de cale dans un bâtiment de haut-bord.

Au milieu du bruit et des clameurs occasionées par cette compétition, chaque batelier désirant s'assurer cette bonne aubaine, Peveril réussit enfin à leur faire entendre qu'il donnerait un jacobus, non à celui dont la barque avait les meilleures rames, mais à celui qui lui donnerait des nouvelles de la dame qui était avec lui.

— Mais de quelle dame parlez-vous? lui demanda un fin matois; il me semble qu'il y en avait deux.

---

(1) Lieu de refuge qui existait encore à Londres à cette époque Voyez les *Aventures de Nigel*. — Éd.

(2) Tente de bateau. — Éd.

— De toutes deux, répondit Peveril; mais d'abord de celle qui a les cheveux blonds.

— Ah! repartit le même batelier, c'est donc de celle qui criait tant quand le camarade de l'habit brodé l'a fait entrer dans la barque n° 20?

— Quoi! comment! s'écria Peveril, qui a osé la forcer à entrer dans une barque?

— M'est avis que j'en ai dit assez à Votre Honneur sans être payé, répliqua le batelier.

— Ame sordide! dit Peveril en lui donnant une pièce d'or, parlez donc, parlez vite, ou je vous passe ma rapière à travers le corps.

— Quant à cela, Votre Honneur, répondit le batelier, c'est ce que je ne crains pas, tant que je pourrai manier cet aviron. Mais un marché est un marché; ainsi donc je vous dirai que le camarade de l'habit brodé a forcé une de vos dames, celle aux cheveux blonds, à entrer, bon gré mal gré, dans la barque de Tom Tickling; et il y a long-temps qu'il remontent la Tamise, ayant pour eux vent et marée.

— Dieu tout-puissant! et je suis encore ici!

— C'est que vous le voulez bien, Votre Honneur; que ne prenez-vous une barque?

— Vous avez raison, l'ami. Oui, une barque! vite une barque!

— A l'instant, Votre Honneur, suivez-moi, monsieur. Eh! Tom, donne moi un coup de main; Son Honneur nous appartient.

Une vive bordée d'imprécations fut échangée entre l'heureux candidat qui avait réussi à s'assurer la pratique de Peveril et ses rivaux désappointés; — le vieux triton finit par lui crier d'une voix qui s'élevait par-dessus toutes les autres, que Son Honneur était en bon chemin pour faire un voyage à l'île des Dupes, attendu que le rusé Jack s'était moqué de lui. Le numéro 20 s'était dirigé vers York-Buildings.

— Laissez-le faire, dit un autre, il arrivera sans peine à l'île des Pendus ; car je vois arriver quelqu'un qui lui épargnera sa promenade sur la Tamise, et qui fera aborder au port des Exécutions.

En effet, tandis qu'il parlait ainsi, un constable, suivi de trois ou quatre agens portant ces hallebardes à manche de bois brun dont étaient encore armés alors ces gardiens de la tranquillité publique, s'avançait vers le bord de l'eau; et à l'instant où notre héros allait monter dans la barque, il l'arrêta de par le roi. Toute résistance eût été une témérité insensée, puisque Julien était entouré de toutes parts : on le désarma donc, on le conduisit devant le juge de paix le plus voisin, pour être interrogé et envoyé en prison.

Le sage magistrat devant lequel on le fit comparaître était un homme dont les intentions étaient pures, les talens fort bornés et le caractère un peu timide. Avant que la conspiration des papistes eût jeté l'alarme dans toute l'Angleterre et particulièrement dans la ville de Londres, maître Maulstatute n'avait trouvé qu'un plaisir sans trouble, une satisfaction tranquille à remplir avec orgueil et dignité ses fonctions de juge de paix, et il avait joui sans contrariété de toutes les prérogatives de son autorité imposante. Mais le meurtre de sir Edmondbury Godfrey avait fait sur son esprit une impression ineffaçable, et il ne siégeait dans la cour de Thémis qu'avec crainte, depuis ce mémorable et funeste événement.

Ayant une haute idée de l'importance de sa place, et peut-être une opinion encore plus élevée de celle de sa personne, ce digne magistrat n'avait devant les yeux, depuis ce temps, que cordes et poignards, et jamais il ne sortait de sa maison, dans laquelle il entretenait une troupe de six constables, qui en étaient en quelque sorte la garnison, sans croire se voir épié par un papiste déguisé, portant un stylet sous son manteau. On disait même tout bas que le respectable maître Maulstatute avait pris un matin sa cuisinière tenant un briquet, pour un jésuite armé d'un pistolet. Mais si quelqu'un avait été tenté de rire de cette erreur, il aurait bien fait de rire tout bas, car il aurait couru le risque de se trouver frappé de l'accusation dangereuse d'être un des fauteurs et adhérens de ce complot. Dans le fait, les craintes du brave juge, quelque excessives et quelque ridicules qu'elles fussent, étaient si bien d'accord avec le cri général et la fièvre nerveuse dont tous les bons protestans étaient attaqués, qu'on regardait maître Maulstatute comme l'homme le plus intrépide et le meilleur magistrat, tandis qu'avec la terreur du poignard, que son imagination lui représentait toujours comme suspendu sur sa tête, il continuait à rendre la justice dans le local destiné à ses séances privées, et quelquefois même dans celui des sessions de trimestre, toujours gardé par un fort détachement de milice. Tel était le Salomon à la porte bien verrouillée duquel le constable qui avait arrêté Julien vint frapper avec importance, en s'annonçant par un signal convenu.

Mais, malgré ce signal officiel, la porte ne fut ouverte que lorsque le clerc, qui remplissait les fonctions de portier, fut venu faire une reconnaissance à travers une petite grille en fer; car qui pouvait assurer que les papistes ne pussent venir à bout de surprendre le secret du constable, de disposer une fausse patrouille, de s'introduire dans la maison sous prétexte d'amener un prisonnier, pour massacrer le digne magistrat? On avait vu figurer, dans la relation des complots des papistes, des trames beaucoup moins bien ourdies.

La reconnaissance faite, on ouvrit le double tour, on tira les verrous, on décrocha une chaîne, et l'on entr'ouvrit la porte de manière à laisser entrer le constable et le prisonnier, et on la referma sur-le-champ en avertissant, à travers le guichet, les témoins, comme gens méritant moins de confiance, qu'ils eussent à rester dans la cour jusqu'à ce qu'on les appelât chacun à leur tour.

Si Julien avait été en disposition de rire, ce dont il était bien éloigné, il n'aurait pu résister à l'envie que lui en aurait donnée le costume du clerc; celui-ci avait mis par-dessus son habit de bougran noir un large ceinturon de buffle qui soutenait une grande rapière, et dans lequel étaient passés deux longs pistolets d'arçon. Un chapeau à forme aplatie remplaçait le bonnet des apprentis de la Cité, et complétait alors le costume d'un scribe, mais celui-ci avait couvert ses cheveux gras d'un armet de fer rouillé qui, ayant figuré à la bataille de Marston-Moor, était surmonté, en guise de panache, de sa plume redoutable, la forme de l'armet ne lui permettant pas de la placer derrière l'oreille suivant la coutume.

Ce personnage grotesque conduisit le constable, ses aides et le prisonnier dans la salle où la justice était rendue par le vénérable magistrat dont l'extérieur était encore plus extraordinaire que celui de son clerc.

Certains bons protestans, qui avaient une opinion assez relevée d'eux-mêmes pour croire qu'ils méritaient d'être particulièrement en butte aux coups des parricides catholiques, s'étaient munis d'armes défensives en cette occasion. Mais ils reconnurent bientôt qu'une armure d'acier à l'épreuve de la balle, attachée avec des agrafes de fer, n'était pas une enveloppe très-commode pour l'estomac d'un homme qui aime à faire bonne chère, et qu'une cotte de mailles ou même de buffle gênait à table la liberté des mouvemens. On pouvait d'ailleurs faire encore d'autres objections contre cet usage, telles que l'air menaçant et l'espèce de signal d'alarme que ce vêtement guerrier donnait à la Bourse et aux autres endroits où se rassemblent le plus ordinairement les négocians, sans oublier les excoriations qui en résultaient et dont se plaignaient amèrement ceux qui, n'appartenant ni à l'artillerie, ni à la milice en activité, n'étaient pas habitués à porter une armure défensive.

Pour obvier à ces inconvéniens, et mettre en même temps la personne des bons protestans à l'abri de toute entreprise d'assassinat de la part des catholiques, quelque ingénieux artiste, appartenant sans doute à l'honorable compagnie des marchands merciers, avait imaginé une espèce d'armure dont on ne voit aucun échantillon ni dans l'arsenal de la Tour de Londres, ni dans la salle gothique de Gwynnap, ni dans la précieuse collection d'anciennes armes du docteur Meyrick (1). On l'appelait armure de soie, parce qu'elle

---

(1) Auteur d'un savant traité sur les armes et armures — Éd

était composée de plusieurs tissus doubles de soie piqués ensemble, tellement serrés et d'une telle épaisseur, qu'elle était à l'épreuve de l'acier et de la balle. Un bonnet de même fabrique, ayant des pendans qui couvraient les oreilles et ressemblant beaucoup à un bonnet de nuit, complétait l'équipement, et rendait celui qui le portait invulnérable de la tête aux genoux.

Maître Maulstatute, ainsi que d'autres dignes citoyens, avait adopté ce singulier accoutrement ou armure défensive, qui avait l'avantage d'être aussi doux et chaud que souple et flexible. M. Maulstatute était un petit homme rond qui, assis dans son fauteuil, avait l'air d'avoir le corps tout entouré de coussins, à cause des vêtemens ouatés qu'il portait par surcroît de précaution. Son nez, qui faisait saillie sous son casque de soie, et la rotondité de tout son individu lui donnaient un air de ressemblance avec l'enseigne du POURCEAU ARMÉ; ressemblance rendue encore plus frappante par la couleur d'un brun orangé de son armure défensive, qui imitait celle des sangliers des forêts du Hampshire.

Comptant sur son enveloppe impénétrable, le digne magistrat était sans inquiétude, quoiqu'il n'eût pas sous sa main sa rapière, son poignard et ses pistolets, posés pourtant sur une chaise à peu de distance de son fauteuil. Mais il avait jugé prudent de garder sur la table une arme offensive qu'on y voyait figurer à côté d'un énorme in-folio des commentaires de Coke sur Littleton. C'était une espèce de fléau de poche, consistant en un manche du frêne le plus dur, d'environ dix-huit pouces de longueur, auquel était attachée une sorte de gourdain à peu près deux fois aussi long, mais ajusté au manche de manière à pouvoir se replier aisément.

Cet instrument, auquel on avait donné à cette époque le nom singulier de fléau protestant, pouvait aisément se cacher sous un habit, jusqu'à ce que les circonstances exigeassent qu'il se montrât en public. Une autre précaution contre toute surprise, et meilleure que toutes ces armes offensives et défensives, était une forte grille en fer, à hauteur d'appui, qui traversait toute la largeur de la salle, à deux pas de la table du juge, et qui séparait le magistrat de l'accusé.

Maulstatute, tel que nous venons de le décrire, voulut entendre les dépositions des témoins avant la défense du prévenu. Le détail de la querelle fut rapporté brièvement par quelques spectateurs, et parut faire une profonde impression sur l'esprit du juge instructeur. Il secoua son casque de soie d'un air expressif quand il apprit qu'après quelques propos qui avaient eu lieu entre les deux champions, et que les témoins déclarèrent n'avoir pas bien entendus, le prisonnier avait porté le premier coup, et avait tiré sa rapière quand celle de son antagoniste était encore dans le fourreau; il branla la tête d'un air plus solennel quand il apprit le résultat du combat; et tout son corps fut en agitation quand un des témoins déclara qu'autant qu'il pouvait le croire, le blessé était attaché au service du duc de Buckingham.

— Un respectable pair! dit le magistrat armé, un vrai protestant! un ami de son pays! Que le ciel nous prenne en pitié! A quel excès d'audace ce malheureux siècle est-il parvenu! Nous voyons fort bien, et nous pourrions le voir quand nous serions aussi aveugles qu'une taupe, de quel carquois cette flèche a été tirée.

Il mit alors ses lunettes; et, ayant donné ordre qu'on

fit avancer Julien, il fixa sur lui, d'un air redoutable, ses yeux sous verre, ombragés par son turban piqué.

— Si jeune et si endurci! s'écria-t-il, hélas! et c'est un papiste, j'en réponds.

Peveril avait eu assez de temps pour songer à la nécessité d'obtenir sa mise en liberté, s'il était possible, et il crut ici devoir démentir poliment la supposition charitable du magistrat. — Je ne suis pas catholique, lui dit-il, je suis un membre indigne de l'église anglicane.

— Peut-être est-ce un protestant tiède, dit le juge, car il se trouve bien des gens parmi nous qui font à petits pas le voyage de Rome, et qui en sont déjà à la moitié du chemin. Hem! hem!

Peveril l'assura qu'il n'était pas de ce nombre.

— Et qui êtes-vous donc? lui demanda le magistrat; car, pour vous parler franchement, votre physionomie ne me plaît pas. Hem! hem!

Ces accès d'une petite toux sèche étaient accompagnés d'un mouvement de tête par lequel le juge voulait faire entendre qu'il venait de prononcer sur l'affaire qui l'occupait l'observation la plus sage, la plus spirituelle et la plus ingénieuse qu'il fût possible.

Julien, irrité par toutes les circonstances qui avaient précédé et accompagné sa détention, répondit d'un ton un peu hautain à la question du magistrat. — Mon nom est Julien Peveril.

— Que le ciel nous protége! s'écria le juge épouvanté; le fils de ce scélérat papiste, de sir Geoffrey Peveril, de ce traître maintenant en prison, et à la veille d'être jugé!

— Qu'osez-vous dire, monsieur, s'écria Julien, oubliant sa situation, en secouant la grille de fer de manière à l'ébranler.

Cette violence effraya tellement le juge, qu'il saisit son fléau protestant, et en allongea un coup vers le prisonnier, pour repousser ce qu'il regardait comme une attaque préméditée. Mais, soit par trop de précipitation, soit par faute d'expérience dans le maniement des armes, il ne l'atteignit pas, et la charnière du fléau ayant joué par suite de la force du coup qu'il avait porté, la partie inférieure se replia sur celle d'en haut, et revint appliquer sur le crâne du magistrat un coup assez fort pour éprouver son casque de sûreté. Malgré ce préservatif il fut un instant comme étourdi, ce qu'il attribua, un peu à la hâte, à un coup qu'il crut avoir reçu de Peveril.

Ses assistans, à la vérité, ne confirmèrent pas directement l'opinion que le magistrat avait conçue si mal à propos, mais ils convinrent unanimement que, sans leur intervention prompte et active, on ne pouvait savoir tout le mal qu'aurait pu faire un homme aussi dangereux que le prisonnier.

L'opinion générale qu'il avait dessein de procéder à son élargissement par voie de fait parut alors si profondément imprimée dans l'esprit de tous les spectateurs, que Julien vit qu'il serait inutile de chercher à se défendre. D'ailleurs, il ne sentait que trop que les suites alarmantes et probablement fatales de sa rencontre rendraient inévitable son envoi en prison. Il se contenta donc de demander où l'on avait dessein de l'envoyer; et quand le mot formidable *Newgate* eut été prononcé pour toute réponse, il eut du moins la consolation de savoir que, quelque désagréable que fût un pareil séjour, sa tête se trouverait couverte par le même toit que celle de son père; et que, de manière ou d'autre, il aurait peut-être la satisfaction de le voir : satisfaction douloureuse, au milieu des calamités de toute espèce qui menaçaient leur famille.

Montrant plus de patience qu'il n'en avait réellement, Julien, dont le ton de douceur ne put réussir à réconcilier maître Maulstatute avec lui, donna au magistrat l'adresse de la maison où il logeait, en le priant de permettre à son domestique, Lance-Outram, de lui apporter son linge et son argent; il ajouta qu'il laissait à la disposition des magistrats tous les autres effets qui pouvaient lui appartenir, ses armes, qui n'étaient qu'une paire de pistolets de voyage, et ses papiers, qui ne consistaient qu'en quelques notes de peu d'importance. Il songea en ce moment, avec une véritable satisfaction, que ceux que lui avait confiés la comtesse de Derby se trouvaient entre les mains du souverain.

Le juge lui promit de prendre cette demande en considération, et ajouta que, par intérêt pour lui-même, il aurait dû montrer plus tôt ce ton de soumission et de respect, au lieu d'insulter à la présence d'un magistrat par les marques audacieuses de l'esprit de malignité, de rébellion et de meurtre qui animait les papistes, comme il l'avait fait d'abord; que cependant, comme il voyait en lui un jeune homme de bonne mine et d'une maison honorable, il ne voulait pas le faire traîner à travers les rues, comme un misérable coupeur de bourses, et qu'il lui procurerait un carrosse.

Maître Maulstatute prononça le mot carrosse avec l'importance d'un homme qui, comme le dit le docteur Johnson à une époque plus rapprochée de nous, connaît tout le prix de pouvoir faire atteler ses chevaux à son équipage. Le digne magistrat ne fit pourtant pas à Julien, en cette occasion, l'honneur de faire atteler à son pesant carrosse de famille les deux haridelles efflanquées qui avaient coutume de conduire ce pieux protestant à la chapelle du pur et précieux M. Howlaglass, pour y entendre, le jeudi soir, une instruction, et, le dimanche, un sermon de quatre heures. Il eut recours à une de ces voitures de place, alors construites en cuir, encore rares à cette époque, puisqu'elles venaient seulement d'être inventées, mais qui promettaient les mêmes facilités que les fiacres ont procurées depuis pour toute espèce de communication honnête ou non, légale ou illégale. Notre ami Julien, jusque-là plus habitué à la selle qu'à toute autre manière de voyager, se trouva bientôt embarqué dans une de ces voitures, ayant pour compagnon un constable et deux recors armés jusqu'aux dents; le port pour lequel il était destiné étant, comme nous l'avons déjà dit, l'ancienne forteresse de Newgate.

CHAPITRE XXXIII.

> « C'est le chien noir de notre geôle
> » Regardez le, mais d'un peu loin
> » Ne le fâchez pas, car le drôle
> » Emporte la pièce au besoin. »
>
> *Le Chien noir de Newgate*

La voiture s'arrêta devant ces portes effrayantes qu. ressemblent à celles du Tartare, si ce n'est qu'elles permettent un peu plus souvent à ceux qu'elles renferment d'en sortir honorablement et en sûreté, quoique au prix des mêmes inquiétudes et des mêmes travaux qu'Hercule et un ou deux autres demi-dieux eurent à subir pour se tirer des enfers de l'ancienne mythologie.

Julien descendit de voiture, soutenu avec grand soin par deux de ses compagnons, qui furent même aidés dans cet office charitable par deux ou trois porte-clefs que le premier son d'une grosse cloche placée à la porte avait appelés à leur secours. Cette attention pour Julien n'était pas inspirée, comme on peut bien le présumer, par la crainte qu'il ne fît un faux pas, mais de peur qu'il ne cherchât à s'évader, ce dont il n'avait aucune intention. Quelques apprentis et quelques enfans du marché voisin, qui tiraient un profit considérable des nouvelles pratiques qu'on amenait tous les jours dans cette prison à cause de la conspiration papiste, et qui par conséquent étaient zélés protestans, le saluèrent à son arrivée par les cris : Ho! ho! un papiste! un papiste! Au diable le pape et tous ses adhérens!

Ce fut sous de tels auspices que Peveril fut introduit sous cette porte sombre où tant de gens, à leur entrée, font leurs adieux à l'honneur et à la vie. La voûte obscure sous laquelle il se trouvait le conduisit dans une grande cour où un grand nombre de prisonniers pour dettes s'amusaient à jouer à la balle, à la main chaude, au cheval fondu et à d'autres jeux auxquels la rigueur de leurs créanciers leur donnait tout le loisir de se livrer, tandis qu'elle leur ôtait les moyens de s'occuper à un travail honnête par lequel ils auraient pu réparer leurs affaires et soutenir leurs familles, réduites à la mendicité et mourant de faim.

Mais Julien ne devait pas faire partie de ce groupe de gens, que le désespoir rendait insoucians. Il fut conduit, ou plutôt entraîné de force par ses conducteurs, vers une porte basse et cintrée, bien fermée par des verrous et des barres de fer, mais qui s'ouvrit pour sa réception, et qui fut refermée avec grand soin dès qu'il fut entré. On lui fit traverser ensuite deux ou trois corridors ténébreux qui se croisaient les uns les autres, et qui, à chaque point d'intersection, étaient fermés par des portes, les unes en fer, les autres en chêne garnies de lames de fer et de clous à grosse tête de même métal. Il ne lui fut permis de s'arrêter que dans une petite rotonde voûtée à laquelle aboutissaient plusieurs de ces corridors, et qui, à l'égard du labyrinthe dont il venait de parcourir une partie, paraissait ressembler au point central de la toile d'une araignée, auquel se rattachent toujours les principaux fils du tissu curieux, ouvrage de cet insecte.

La ressemblance allait plus loin; car dans ce petit salon voûté, dont les murs étaient tapissés de mousquets, de coutelas, de pistolets et d'autres armes, ainsi que d'un assortiment complet de menottes et de fers de toute espèce, le tout arrangé avec beaucoup d'ordre, et en état de service, était assis un homme qu'on aurait pu comparer, avec assez d'exactitude, à une grosse araignée à son poste pour saisir la proie qui pourrait tomber dans ses filets.

Ce personnage officiel avait été originairement un homme robuste et d'une grande taille; mais trop de nourriture et peut-être aussi trop peu d'exercice, l'avaient si prodigieusement arrondi, qu'il ne ressemblait à ce qu'il était autrefois, que comme le bœuf engraisse pour le boucher ressemble au taureau sauvage. Nul homme n'a l'air aussi repoussant qu'un gros homme sur les traits duquel un caractère bourru a empreint son cachet habituel. Il semble avoir démenti l'ancien proverbe, et s'être engraissé sous l'influence des passions les plus honteuses pour la nature humaine. On peut permettre à un mortel joyeux d'être un peu emporté; mais il semble contre nature qu'un ami de la bonne chère soit sombre et brutal. Or, les traits sourcilleux de cet homme, son teint blafard, ses membres enflés et disproportionnés, son ventre énorme et sa taille épaissie, faisaient naître l'idée que, s'étant une fois introduit dans cette position centrale, il s'y était engraissé, *per fas et nefas*, comme la belette de la fable, devenue incapable d'effectuer sa retraite par aucun des sentiers étroits qui communiquaient avec son trou. Il rappelait encore le crapaud qui vit captif sous une pierre, comme s'il tirait tous ses sucs nourriciers de l'air fétide des cachots qui l'entouraient, et qui aurait été pestiféré pour tout autre. Près de cette espèce de monstre d'obésité on remarquait de gros livres, fermés par des agrafes en fer, registres de ce royaume de misère, dont il était le premier ministre. Dans une autre situation que la sienne, Peveril aurait perdu courage en réfléchissant sur la masse de maux accumulés dans ces funestes volumes; mais ses propres malheurs l'occupaient d'une manière trop cruelle pour qu'il pût se livrer à des réflexions d'une nature générale.

Le constable et le geôlier, après que le premier eut remis au second le mandat d'arrêt de Julien, causèrent quelques instans à voix basse, ou plutôt ils s'exprimèrent leurs idées, moins par leurs paroles que par leurs regards, et à l'aide de ce langage muet des signes qui ajoutent l'effroi du mystère à ce qui est déjà assez terrible pour un captif.

Les seuls mots que Julien put entendre distinctement furent ceux-ci; ils étaient prononcés par le geôlier, ou, comme on le nommait alors, le capitaine de la prison :
— Un autre oiseau à mettre en cage?

— Et qui sifflera *beau pape de Rome*, aussi bien qu'aucun sansonnet de votre volière, répondit le constable d'un air facétieux, mais d'un ton qui prouvait en même temps qu'il n'oubliait pas le respect qu'il devait à son supérieur.

Les traits farouches du geôlier se relâchèrent jusqu'à laisser apercevoir une espèce de sourire quand il entendit l'observation du constable; mais reprenant presque aussitôt son air sombre et solennel, il fixa les yeux sur le nouveau venu, et prononça avec emphase, quoique à demi-voix, un seul mot, mais très-expressif : — Étrennez !

Julien Peveril avait entendu parler des coutumes usitées en semblables lieux, et il avait résolu de s'y conformer, afin d'obtenir, s'il était possible, la grace de voir son père, grace qu'il se flattait d'obtenir plus facilement en satisfaisant la cupidité du geôlier.

— Je suis disposé, lui dit-il en affectant de montrer du calme, à me conformer aux coutumes du lieu où j'ai le malheur de me trouver; vous n'avez qu'à me dire ce que vous exigez, et je vous satisferai à l'instant.

A ces mots, il tira sa bourse de sa poche, s'applaudissant en même temps d'avoir gardé sur lui une somme assez considérable en or. Le geôlier en remarqua le volume dans toutes ses dimensions, avec un sourire involontaire. Mais ce sourire n'agita qu'un instant sa moustache et sa lèvre pendante, car il se rappela presque aussitôt les réglemens qui, mettant des bornes à sa rapacité, l'empêchaient de fondre sur sa proie comme un milan et de s'emparer de la totalité tout d'un coup.

Cette réflexion désagréable valut à Peveril la réponse suivante, qui fut faite avec un ton d'humeur.

— Il y a différens taux, chacun fait ce que bon lui semble, je ne demande que ce qui m'est dû ; mais la civilité doit se payer.

— Et je la paierai s'il est possible de l'obtenir, dit Peveril; mais le prix, mon bon monsieur, le prix?

Il y avait un accent de mépris dans le ton dont il parlait, et il cherchait d'autant moins à le déguiser, qu'il voyait que, même dans cette prison, sa bourse lui donnait une influence indirecte mais puissante sur son geôlier.

Le capitaine de la prison semblait effectivement l'éprouver, car, tandis que Julien parlait, il ôtait presque involontairement un vieux bonnet fourré qui lui couvrait la tête; mais ses doigts, révoltés d'avoir pris part à un acte de déférence si peu ordinaire, commencèrent à s'en dédommager en grattant une nuque couverte de cheveux gris, et il murmura d'une voix ressemblant au bruit que fait un chien en grondant quand il a cessé d'aboyer contre un intrus qui prouve qu'il n'a pas peur: — Il y a différens taux. Il y a la Petite-Aise, au taux d'une couronne: il y fait un peu sombre; l'égoût passe par dessous, et bien des gens ne se soucient pas de la compagnie qui s'y trouve, attendu qu'elle est principalement composée de filous et de voleurs. Ensuite, il y a le côté du Maître, dont le taux est d'une pièce d'or, et là on ne trouve personne qui n'y soit au moins pour un meurtre.

— Dites-moi quel est votre taux le plus élevé, monsieur, et je vous le paierai, dit Peveril d'un ton bref.

— Trois pièces d'or pour le quartier du Chevalier, répondit le gouverneur de ce Tartare terrestre.

— En voilà cinq, et placez-moi avec sir Geoffrey, dit Julien en jetant son argent sur le bureau du geôlier.

— Avec sir Geoffrey! Hum!... dit le geôlier comme

s'il eût réfléchi à ce qu'il devait faire. Ah! avec sir Geoffrey! Vous n'êtes pas le premier qui ait payé pour le voir, quoiqu'il n'y en ait guère qui aient payé si généreusement, mais aussi il est probable que vous serez le dernier qui le verrez. Ha! ha! ha!

Julien ne comprit pas bien ce que signifiaient ces exclamations entrecoupées qui se terminèrent par un éclat de rire à peu près semblable au hurlement joyeux du tigre qui dévore sa proie, et il ne lui répondit qu'en lui renouvelant la demande d'être placé dans la même chambre que sir Geoffrey.

— Oui, oui, dit le geôlier, ne craignez rien : je vous tiendrai parole, attendu que vous semblez connaître ce qui convient à votre situation et à la mienne. Et écoutez bien, Jem Clink vous apportera les *darbies*.

— Derby! s'écria Julien. Est-ce que le comte et la comtesse?...

— Comte et comtesse! Ah, ah, ah! dit le geôlier en riant, ou, pour mieux dire, en grondant, à quoi pense donc votre cerveau? Vous êtes un grand personnage, sans doute; mais ici c'est le royaume de l'Égalité. Vous ne connaissez pas les *darbies?* Nous appelons ainsi les serre-poignets, les menottes, mon brave jeune homme; et si vous étiez récalcitrant, je pourrais y ajouter un excellent bonnet de nuit de fer, et même un ami de cœur pour vous serrer la poitrine; mais soyez tranquille, vous vous êtes conduit honnêtement, et nous n'en viendrons pas à des extrémités. Quant à l'affaire qui vous a amené ici, il y a dix à parier contre un que ce ne sera que de l'eau claire : meurtre sans préméditation tout au plus; il vaut mieux se brûler le petit doigt que d'avoir le cou tordu, pourvu qu'il n'y ait pas de papisme dans votre fait; car, en ce cas, je ne répondrais de rien... Clink, emmenez Son Honneur.

Un porte-clefs, du nombre de ceux qui avaient conduit Peveril en présence de ce cerbère, le précéda alors en silence, et le guida dans un second labyrinthe de corridors obscurs sur les deux côtés desquels étaient différentes portes, jusqu'à qu'ils fussent arrivés à celle de la chambre qu'il devait occuper.

Tout en cheminant dans cette triste région, le porte-clefs faisait les réflexions suivantes. — Il faut qu'il ait le cerveau timbré! Il aurait pu avoir la meilleure chambre de la prison pour moitié moins, et il paie le double pour partager le chenil de sir Geoffrey! Hé! hé! hé! hé! Est-ce que sir Geoffrey est votre parent? si l'on peut prendre la liberté de vous faire cette question.

— Je suis son fils, répondit Peveril d'un ton brusque, espérant imposer silence à la loquacité de ce bavard. Mais le porte-clefs n'en fit que rire davantage.

— Vous, son fils! s'écria-t-il, la belle histoire! vous, grand jeune homme de cinq pieds huit pouces, le fils de sir Geoffrey! Hé! hé! hé!

— Trêve d'impertinences, dit Julien; ma situation ne vous donne pas le droit de m'insulter.

— Je n'en ai nulle envie, répondit le porte-clefs, réprimant son envie de rire, peut-être parce qu'il se rappelait que la bourse du prisonnier n'était pas encore épuisée; si j'ai ri, c'était parce que vous disiez que vous étiez fils de sir Geoffrey. Au surplus ce n'est pas mon affaire. C'est un enfant savant que celui qui connaît son père. Mais voici la chambre de sir Geoffrey, et vous pourrez arranger ensemble votre affaire de paternité.

A ces mots, il ouvrit la porte, et fit entrer Julien dans une chambre assez propre, dans laquelle il se trouvait quatre chaises, un lit à roulettes et quelques autres meubles.

Julien chercha son père des yeux dans tout l'appartement; mais, à sa grande surprise, la chambre lui parut vide. Il se tourna vers le porte-clefs, et lui reprocha d'un air de colère de l'avoir trompé.

— Non, monsieur, lui répondit l'agent subalterne, je ne vous ai pas trompé. Votre père, puisque vous l'appelez ainsi, est tapi dans quelque coin; il ne lui faut pas beaucoup de place : mais je vais le débusquer. Holà! eh! sir Geoffrey, montrez-vous donc. Le voici, hé! hé! hé! C'est votre fils qui vient vous voir : le fils de votre femme, c'est-à-dire, car je ne crois pas que la façon vous ait coûté grand'chose.

Peveril ne savait que penser de l'insolence de cet homme. La surprise, l'inquiétude, et la crainte de quelque méprise, se mêlaient à sa colère et en neutralisaient l'effet. Il parcourut encore toute la chambre des yeux, et enfin il aperçut dans un coin quelque chose qui ressemblait plutôt à un paquet de drap cramoisi qu'à une créature vivante. Au bruit que faisait le porte-clefs, cet objet parut pourtant recevoir la vie et le mouvement; il se développa peu à peu, prit une posture droite, et, se montrant de la tête aux pieds, drapé d'un manteau écarlate, il offrit aux yeux de Julien ce que celui-ci prit d'abord pour un enfant de cinq ans. Mais le son de la voix ferme, quoique un peu grêle, de cet être singulier, lui prouva bientôt qu'il s'était trompé sur ce point.

— Porte-clefs, demanda cet être extraordinaire, que

veut dire cela? Pourquoi me troubler ainsi? Avez-vous quelques nouvelles insultes à accumuler sur la tête d'un homme qui a toujours été en butte à la malice de la fortune? Mais j'ai une ame capable de lutter contre l'adversité : elle est aussi grande qu'aucun de vos corps.

— Sir Geoffrey, dit le porte-clefs, vous savez, vous autres gens de qualité, comment vous devez vous conduire; mais si c'est ainsi que vous recevez votre fils...

— Mon fils! répéta le pygmée; quel est l'audacieux...

— Il y a ici quelque étrange méprise, s'écria Peveril en même temps. J'avais demandé à voir sir Geoffrey...

— Et il est devant vos yeux, jeune homme, dit le nain en jetant par terre son manteau et en se montrant avec toute la dignité que pouvaient lui donner trois pieds quatre pouces de hauteur. J'ai été successivement le favori de trois souverains d'Angleterre, et maintenant je suis l'habitant de ce cachot, le jouet du brutal qui en est le geôlier. Je suis sir Geoffrey Hudson.

Quoique Julien n'eût jamais vu cet important personnage, il n'eut pas de peine à reconnaître, d'après la description qui lui en avait été faite, le célèbre nain d'Henriette-Marie, qui n'avait survécu aux dangers de la guerre civile et des querelles particulières, au meurtre de son maître, Charles Ier, et à l'exil de la reine sa veuve, que pour succomber, dans ce malheureux temps, sous une dénonciation relative à la prétendue conspiration des papistes. Il salua l'infortuné vieillard, et s'empressa de lui expliquer, ainsi qu'au porte-clefs, que c'était sir Geoffrey Peveril, du comté de Derby, dont il avait désiré partager la prison.

— Vous auriez dû dire cela avant de secouer votre poudre d'or, mon maître, répondit Clink; vous auriez appris que l'autre sir Geoffrey, qui est un homme grand à cheveux gris, a été envoyé hier soir à la Tour; et le capitaine croira vous avoir suffisamment tenu parole en vous logeant ici avec sir Geoffrey Hudson, qui est le plus curieux à voir des deux.

— Je vous prie de retourner près de votre maître, dit Julien; de lui expliquer cette méprise, et de lui dire que je désire aussi être envoyé à la Tour.

— A la Tour! s'écria le porte-clefs; hé! hé! hé! La Tour est pour les lords et les chevaliers, et non pour de simples écuyers. Croyez-vous qu'on puisse y aller pour avoir fait blanc de son épée dans les rues? Non, non : il faut une bonne accusation de haute trahison, et un ordre de secrétaire d'état.

— Du moins, je ne veux pas être à charge à monsieur, dit Julien. Il est inutile de nous loger ensemble, puisque nous ne nous connaissons même pas. Allez informer votre maître de cette méprise.

— Je ne manquerais pas de le faire si je n'étais sûr qu'il en est déjà instruit, répondit Clink en faisant une grimace maligne. Vous l'avez payé pour être logé avec sir Geoffrey, et vous voilà logé avec sir Geoffrey. Le capitaine vous a porté sur ses registres en conséquence, et il n'y fera une rature pour personne au monde. Allons, soyez raisonnable, et je vais vous mettre une paire de fers bien légers, et qui ne vous gêneront pas.

La résistance étant aussi inutile que l'auraient été les remontrances, Peveril se soumit à la nécessité, et on lui attacha, au-dessus de chaque cheville, une paire de fers qui ne lui ôtaient pas la liberté de se promener dans la chambre.

Pendant cette opération, Julien réfléchit que le

geôlier, qui avait profité de l'équivoque entre les deux sirs Geoffrey, devait avoir agi comme Clink venait de le lui donner à entendre, c'est-à-dire l'avoir trompé de propos délibéré, puisqu'il était désigné dans son mandat d'arrêt comme fils de sir Geoffrey Peveril. Il aurait donc été aussi dégradant qu'inutile de lui faire une nouvelle demande, et en conséquence Julien se soumit à un sort qu'il lui paraissait impossible de changer.

Le porte-clefs lui-même fut en quelque sorte touché de sa jeunesse, de sa bonne mine et de la patience avec laquelle, après la première effervescence de la contrariété qu'il éprouvait, il se résigna à son destin.

— Vous semblez un brave jeune homme, lui dit-il, et vous aurez du moins un aussi bon dîner et un aussi bon lit qu'on peut en trouver entre les murs de Newgate. Et vous, sir Geoffrey, vous qui n'aimez pas les hommes de grande taille, vous devez faire cas de M. Peveril, car je vous dirai qu'il est ici pour avoir fait une boutonnière aux deux côtés du pourpoint de Jack Jenkins, grand maître en fait d'armes, et l'homme le plus grand de Londres, exceptant toujours M. Evans, le portier du roi, qui vous a porté dans sa poche, sir Geoffrey, comme tout le monde le sait.

— Retire-toi, drôle, répondit le nain; je te méprise ainsi que tes discours.

Le drôle se retira en faisant une grimace, et n'oublia pas de fermer la porte aux verrous.

CHAPITRE XXXIV.

« .... Toi, le fils de Tydée!
» Toi, tu serais le sang d'un héros plein d'honneur,
» Qui dans un petit corps logeait un si grand cœur! »
HOMÈRE. *Iliade.*

Se trouvant, sinon seul, du moins en repos pour la première fois de ce jour si fertile en événemens, Julien s'assit sur une vieille chaise en bois de chêne, près d'une grille dans laquelle brûlait un reste de feu de charbon, et se mit à réfléchir sur sa misérable situation. Dévoré d'inquiétudes, et exposé à mille dangers, soit qu'il se rappelât son amour, son affection pour sa famille, ou les droits de l'amitié, tout semblait lui offrir une perspective semblable à celle du marin entouré d'écueils de toutes parts, sur le pont d'un navire qui n'obéit plus au gouvernail.

Tandis que Peveril se livrait à un accablement dont

il ne pouvait se défendre, son compagnon d'infortune vint s'asseoir sur une chaise placée à l'autre coin de la cheminée, et, le regardant avec un air sérieux et solennel, le força enfin, presqu'en dépit de lui-même, à faire quelque attention à l'être singulier si occupé à le contempler.

Geoffrey Hudson, car nous nous dispenserons quelquefois d'ajouter à son nom la syllabe (1) qui indique le grade de chevalier, que le roi lui avait conféré par une sorte de plaisanterie, et qui pourrait introduire quelque confusion dans notre histoire; Geoffrey, disje, quoique nain de la plus petite stature, n'offrait rien de contrefait ni dans sa taille ni dans sa physionomie. Sa grosse tête, ses longues mains et ses pieds étaient à la vérité disproportionnés à son corps, et sa taille était plus épaisse que ne l'auraient exigé les règles de la symétrie; mais l'effet qui en résultait était plaisant, sans avoir rien de désagréable. S'il eût été un peu plus grand, il aurait même pu passer, dans sa jeunesse, pour avoir de beaux traits; dans sa vieillesse, ces traits étaient encore frappans et expressifs, et ce n'était que la disproportion considérable qui se trouvait entre sa tête et son corps qui les faisait paraître bizarres et singuliers, effet qu'augmentaient encore ses moustaches, qu'il s'était plu à laisser croître de manière qu'elles allaient presque se confondre avec sa chevelure grise.

Le costume de cet être étrange annonçait qu'il n'était pas tout-à-fait exempt de ce malheureux penchant qui porte ceux que la nature a marqués par quelque difformité à se distinguer, et par conséquent à se rendre ri-

---

(1) Sir. — Éd.

dicules, en faisant choix de couleurs brillantes et de vêtemens dont la forme et les ornemens ne sont pas d'un usage général. Mais les galons du pauvre Geoffrey Hudson, ses broderies et tous les restes de son élégance avaient été cruellement ternis, souillés et usés par l'air de la prison, dont il était devenu un des habitans après avoir été accusé de complicité dans la conspiration des papistes; ce tourbillon entraînait tout, dévorait tout; il suffisait à la bouche la plus impure de prononcer cette accusation, pour faire succomber l'homme dont la réputation était le mieux établie On verra bientôt qu'il y avait, dans les discours et dans les opinions de cet infortuné, quelque chose d'analogue au goût absurde qu'on remarquait dans son costume; car, de même que la coupe bizarre de ses vêtemens rendait ridicules de bonnes étoffes et des ornemens précieux, ainsi les éclairs de bon sens et de sentimens honorables qui brillaient en lui devenaient ridicules par des airs d'importance et une crainte insurmontable d'être méprisé à cause de sa petite taille.

Après que les deux compagnons de prison se furent regardés en silence quelques instans, le nain crut que sa dignité, comme ayant occupé le premier cet appartement, l'obligeait à en faire les honneurs au nouveau venu.

—Monsieur, lui dit-il en adoucissant autant que possible le son dur et criard de sa voix, je comprends que vous êtes le fils d'un homme qui porte le même nom que moi, de mon digne et ancien ami, le brave sir Geoffrey Peveril du Pic. Je vous garantis que j'ai vu votre père en un lieu où il pleuvait plus de coups que de pièces d'or; et pour un homme d'une taille exagérée, à qui il manquait, comme nous le pensions nous autres guerriers plus agiles, quelque chose de cette légèreté et de cette activité qui distinguait certains Cavaliers d'une forme un peu plus aérienne, il s'acquittait parfaitement de ses devoirs. Je suis ravi de voir son fils ; et, quoique ce soit par suite d'une méprise, je suis charmé que nous partagions ensemble ce triste appartement.

Julien se contenta de le remercier de sa politesse en le saluant ; mais Geoffrey, ayant rompu la glace, se mit à le questionner sans plus de cérémonie.

— Vous n'êtes pas attaché à la cour, je présume?

Julien répondit négativement.

— Je m'en doutais ; car, quoique je n'aie pas en ce moment d'emploi officiel chez le monarque, c'est à sa cour que j'ai passé mes premieres années, et où j'ai occupé autrefois une place importante. Et cependant, quand j'étais en liberté, j'allais quelquefois au lever du roi, comme c'était mon devoir de le faire, attendu mes anciens services, et j'avais contracté l'habitude de faire quelque attention aux courtisans qui s'y trouvaient, à ces beaux esprits d'élite, parmi lesquels j'étais enrôlé autrefois. Sans vouloir vous faire un compliment, M. Peveril, je puis vous dire que vous avez une figure remarquable, quoique vous soyez un peu grand comme votre père ; et je crois que, si je vous avais vu quelque part, il aurait été difficile que je ne vous reconnusse pas.

Julien pensa qu'il aurait pu, en toute conscience, lui faire le même compliment ; mais il se borna à lui dire qu'il avait à peine vu la cour d'Angleterre.

— Tant pis! Il est bien difficile qu'un jeune homme se forme sans la fréquenter. Mais vous vous êtes peut-être instruit à une école plus pénible? vous avez sans doute servi...?

— Mon Créateur (1), je l'espère, dit Julien.

— Vous ne m'entendez pas; j'emploie une manière de parler à la française. — Je veux dire que vous avez porté les armes.

— Je n'ai pas encore eu cet honneur.

— Quoi! ni courtisan, ni militaire, M. Peveril! Votre père est blâmable. Oui, sur mon ame, il est blâmable, M. Peveril. Comment un homme peut-il se faire connaitre, se distinguer, si ce n'est par sa conduite en paix et en guerre? Je vous dis, monsieur, qu'à Newberry, où je chargeais à la tête de ma compagnie, à côté du prince Rupert, lorsque, comme vous pouvez l'avoir entendu dire, nous fûmes tous deux battus par ces coquins de miliciens de Londres, nous fîmes tout ce que des hommes pouvaient faire, et je crois que pendant trois ou quatre minutes, après la déroute des nôtres, Son Altesse et moi nous abattions leurs longues piques à coups d'épée; je pense même que nous les aurions enfoncés, si je n'avais eu une grande brute de cheval à longues jambes et une épée un peu trop courte. En un mot, nous fûmes enfin obligés de faire volte-face; et alors, comme j'allais le dire, les coquins furent si contens d'être débarrassés de nous qu'ils se mirent à crier de joie : — Voilà le prince Robin et le coq Robin qui détalent!... Oui, oui, il n'y avait pas un de ces drôles

(1) Ce quiproquo ne saurait avoir le même sel en français. Il rappelle une réponse triviale que le mot suscite quelquefois en France quand on dit de quelque homme pacifique qu'il a servi..... — la messe. — ÉD.

qui ne me connût bien ; mais ces temps sont bien loin. Et où avez-vous été élevé, jeune homme?

— Dans la maison de la comtesse de Derby.

— Dame fort honorable, sur ma parole de gentilhomme! J'ai connu la noble comtesse lorsque je faisais partie de la maison de ma royale maîtresse Henriette-Marie. C'était le modèle de tout ce qu'il y avait de noble, de loyal et d'aimable. Elle était une des quinze belles de la cour à qui je permettais de m'appeler *Piccoluomini* (1), sotte plaisanterie sur ma taille, qui n'est pas des plus hautes, ce qui, même dans ma jeunesse, m'a toujours distingué du commun des hommes. Aujourd'hui l'âge, en me courbant, m'en a fait perdre quelque chose; mais les dames prenaient toujours plaisir à me plaisanter. Il peut se faire que quelques-unes aient eu soin de m'en dédommager, n'importe où, ni comment, c'est ce que je ne vous dirai point, jeune homme. Mais bien certainement servir les dames, et se prêter à leurs fantaisies, quand même elles se donnent un peu trop de liberté, c'est ce qui caractérise un homme bien né.

Quelque accablé que fût Peveril, il pouvait à peine s'empêcher de sourire en regardant le pygmée qui lui contait ces histoires avec beaucoup de complaisance, et qui semblait disposé à se servir de héraut à lui-même pour se proclamer un véritable modèle de galanterie et de valeur, quoique l'amour et les armes parussent être deux métiers totalement inconciliables avec ses traits ridés et flétris. Julien avait cependant un tel désir d'é-

(1) Nom d'un général, et mot italien qui, décomposé, signifierait petit homme — ÉD.

viter de donner de l'humeur à son nouveau compagnon, qu'il chercha à lui plaire en lui répondant qu'incontestablement un homme élevé dans les cours et dans les camps, comme sir Geoffrey Hudson, savait exactement quelles étaient les libertés qu'il pouvait permettre, et celles qu'il devait réprimer.

Le petit chevalier, avec beaucoup de vivacité, sauta à bas de sa chaise, et se mit à la traîner, non sans difficulté, de l'autre côté de la cheminée, près de celle de Julien, en signe d'une cordialité toujours croissante, et y ayant réussi, il reprit la parole en ces termes :

— Vous avez raison, M. Peveril, et j'en ai donné les preuves dans l'un et l'autre cas. Oui, monsieur, ma très-royale maîtresse Henriette-Marie n'avait rien à me demander que je ne fusse prêt à lui complaire ; j'étais son serviteur à toute épreuve, monsieur, tant en guerre que dans une fête, tant en bataille rangée que dans un banquet. A la requête particulière de Sa Majesté, je condescendis une fois, monsieur (vous savez que les femmes ont d'étranges fantaisies), je condescendis, dis-je, à habiter, pour un certain temps, l'intérieur d'un pâté.

— D'un pâté! s'écria Julien un peu surpris.

— Oui, monsieur. J'espère que vous ne trouvez rien de risible dans ma complaisance?

— Non, monsieur ; je vous assure que je n'ai nulle disposition à rire en ce moment.

— Il en fut de même de moi quand je me trouvai emprisonné dans un grand pâté d'une dimension peu ordinaire, comme vous pouvez croire puisque je pouvais m'y coucher tout de mon long, et que je me vis en quelque sorte enseveli entre des murs de croûte épaisse, et recouvert d'un immense couvercle en pâtisserie, de dimension suffisante pour y inscrire l'épitaphe d'un officier général ou d'un archevêque. Monsieur, quoiqu'on eût pris les précautions nécessaires pour m'y donner de l'air, je ressemblais beaucoup à un homme enterré tout vivant.

— Je conçois cela, monsieur.

— D'ailleurs, monsieur, peu de personnes étaient dans le secret, car c'était une plaisanterie imaginée par la reine pour son amusement; et pour y contribuer je me serais tapi dans une coquille de noix, s'il eût été possible. Or, comme je vous le disais, peu de personnes étaient dans le secret : il y avait quelques accidens à craindre. Je songeais, pendant que j'étais dans cette espèce de tombeau, qu'il était possible que quelque serviteur maladroit me laissât tomber, comme je l'ai vu arriver à un pâté de venaison, ou que quelque convive affamé n'anticipât le moment de ma résurrection, en enfonçant un couteau dans ma croûte. Et, quoique j'eusse mes armes sur moi, jeune homme, car je les porte toujours dans toute circonstance périlleuse, si quelque main téméraire s'était plongée trop avant dans les entrailles du pâté, mon épée et mon poignard auraient pu à la vérité me venger, mais non prévenir cette catastrophe.

— Certainement je l'entends bien ainsi, dit Julien, qui commençait pourtant à craindre que la compagnie du petit bavard ne servît qu'à aggraver les désagrémens d'une prison, plutôt qu'à les alléger.

— Oh! oh! dit le nain, revenant encore sur le même sujet, j'avais bien d'autres motifs d'appréhension, car il plut à lord Buckingham, père du duc actuel, dans la plénitude de la faveur dont il jouissait à la cour, d'ordonner qu'on reportât le pâté à l'office, et qu'on le remît au four; alléguant bien mal à propos, qu'il serait beaucoup meilleur étant chaud.

— Et cette proposition, monsieur, ne troubla pas votre égalité d'ame?

— Mon jeune ami, je ne le nierai pas, la nature a ses droits, et le plus brave de nous ne peut les méconnaître. Je pensais à Nabuchodonosor et à sa fournaise, et la crainte me faisait déjà sentir les effets de la chaleur. Mais, grace au ciel, je songeais aussi à mes devoirs envers ma royale maîtresse, et cette idée m'obligeait de résister à toute tentation de me montrer prématurément, et m'en donnait la force. Néanmoins lord Buckingham, si c'était par malice, je prie le ciel de lui pardonner, suivit lui-même le pâté jusque dans l'office, et pressa vivement le cuisinier en chef de le remettre dans le four, ne fût-ce que pendant cinq minutes. Mais celui-ci, brave homme et dans le secret, résista à cet ordre avec un mâle courage, et l'on me servit de nouveau sain et sauf sur la royale table.

— Et sans doute vous ne tardâtes pas à être délivré de prison?

— Oui, monsieur, ce moment heureux et glorieux, puis-je dire, arriva enfin. Ma croûte de dessus fut enlevée, et je sortis du pâté au son des trompettes et des clairons, semblable à l'ame d'un guerrier appelée à rendre son dernier compte, ou plutôt, si cette comparaison n'est pas trop audacieuse, comme un champion qui voit rompre le charme qui le tenait enchanté. Ce fut alors que, le bouclier au bras, et ma lame fidèle à la main, j'exécutai une espèce de danse guerrière dans laquelle ma science et mon agilité me rendaient passé-maître, déployant en même temps des attitudes d'attaque et de défense d'une manière si inimitable, que je fus presque assourdi par les applaudissemens de tout ce qui m'entourait, et noyé par le déluge d'eau de senteur que toutes les dames de la cour me jetaient de leurs flacons. Je trouvai aussi le moyen de me venger de lord Buckingham, car tout en exécutant une danse pyrrhique sur la table, agitant mon épée de tous côtés, je lui dirigeai un coup vers le nez, une espèce d'estramaçon, dont la dextérité consiste à effleurer l'objet qu'on semble vouloir atteindre, mais sans le toucher. Vous avez pu voir un barbier en faire autant avec son rasoir. Je vous garantis qu'il recula au moins à un pied et demi de distance. Il eut l'audace de me menacer de me fendre le crâne avec l'os d'une cuisse de poulet, comme il s'exprima dédaigneusement; mais le roi lui dit : — George, vous avez trouvé un Roland pour un Olivier (1). Et je continuai ma danse en montrant une mâle indifférence pour son mécontentement, ce que peu de personnes eussent osé faire alors, quoique je fusse encouragé par les sourires de la valeur et de la beauté. Mais, hélas! monsieur, la jeunesse, ses plaisirs, ses folies, ses pompes et son orgueil, sont aussi peu durables que la flamme pétillante d'un fagot d'épines destiné à chauffer une marmite.

— La fleur jetée dans un four aurait été une comparaison plus convenable, pensa Peveril. Juste ciel! faut-il qu'un homme ait assez vécu pour regretter de n'être

---

(1) C'est-à-dire vous avez trouvé à qui parler Proverbe anglais qui répond au nôtre : *A bon chat bon rat.* — Éd.

plus assez jeune pour être traité comme un morceau de venaison, et servi dans un pâté !

Son compagnon, dont la langue, depuis un certain temps, avait été aussi étroitement emprisonnée que sa personne, semblait résolu à s'indemniser de cette contrainte, en profitant de cette occasion pour satisfaire sa loquacité aux dépens de son camarade de détention. Il continua donc, d'un ton solennel, à moraliser sur l'aventure qu'il venait de raconter.

— Les jeunes gens regarderont sans doute comme digne d'envie un homme qui était en état de se rendre ainsi le favori et l'admiration de la cour.

Julien se disculpa intérieurement du reproche de tout sentiment d'envie.

— Et cependant, continua Geoffrey Hudson, il vaut mieux avoir moins de moyens de distinction, et ne pas être exposé aux calomnies, aux insinuations perfides et à la haine qui suivent toujours les faveurs de la cour. Combien d'envieux se permettaient de me persifler, parce que ma taille différait tant soit peu de la taille ordinaire ! quelquefois même j'étais l'objet des plaisanteries de personnes que c'était un devoir pour moi de respecter, et qui ne réfléchissaient peut-être pas assez que le roitelet a été fait par la même main que l'outarde, et que le diamant, quoique petit, vaut dix mille fois le granit. Néanmoins, comme elles n'agissaient ainsi que par gaieté, et que le devoir et la reconnaissance ne me permettaient pas de leur riposter, je fus obligé de chercher les moyens de venger mon honneur aux dépens de ceux qui, n'étant pas d'un rang plus distingué que moi, c'est-à-dire étant serviteurs et courtisans, me traitaient comme s'ils étaient au-dessus de moi par leur rang et leur dignité autant que par la circonstance accidentelle de la taille. Et, comme si c'eût été une leçon destinée par la Providence à mon orgueil et à celui des autres, il arriva que le banquet dont je viens de vous parler, et que je regarde avec raison comme l'époque la plus honorable de ma vie, à l'exception peut-être de la part distinguée que je pris à la bataille où je combattis à côté du prince Rupert; ce banquet, dis-je, devint la cause d'un événement tragique, que je regarde comme le plus grand malheur de toute mon existence.

Le nain fit une pause en ce moment, poussa un gros soupir qui annonçait ses regrets, et continua avec le ton d'importance qui convenait à une narration tragique :

— Vous vous seriez imaginé, dans la simplicité de votre cœur, jeune homme, qu'on n'aurait jamais pu parler qu'à mon avantage de la jolie fête dont je viens de vous faire la description, et qu'on ne l'aurait citée que comme une espèce de mascarade parfaitement imaginée, et encore mieux exécutée. Point du tout. Les courtisans, jaloux de mon mérite et de la faveur dont je jouissais, exercèrent leur esprit à mes dépens, et n'y trouvèrent que des sujets de raillerie. En un mot, mes oreilles furent tellement échauffées par les allusions aux pâtés, aux croûtes et aux fours, qu'elles entendaient de toutes parts, que je me vis forcé d'interdire ce sujet de plaisanterie sous peine de tout mon déplaisir. Mais il arriva qu'il y avait alors à la cour un jeune homme de bonne naissance, fils d'un chevalier baronnet, généralement estimé, mon ami particulier, et de qui par conséquent je ne devais pas attendre ce genre de raillerie que j'avais déclaré que je ne supporterais plus. Cependant un soir que je le rencontrai chez le portier du roi, et il est bon de vous dire qu'il avait bu un coup de trop, ayant l'esprit plein de malice, il lui plut de revenir sur ce sujet usé, et de dire, relativement à un pâté d'oie, quelque chose que je ne pus m'empêcher de regarder comme dirigé à mon adresse. Je ne fis pourtant que l'avertir d'un ton ferme, mais calme, de choisir un autre sujet de conversation, s'il ne voulait éprouver les effets de mon ressentiment. Il ne fit nul cas de cet avis, continua sur le même ton, et aggrava même sa faute en m'appelant roitelet, et en faisant des comparaisons aussi odieuses qu'inutiles; sur quoi je fus obligé de lui envoyer un cartel, et nous convînmes d'un rendez-vous. Comme j'aimais véritablement ce jeune homme, j'aurais voulu le combattre à l'épée, mon intention n'étant que de le corriger par une blessure ou deux dans les chairs; mais il choisit le pistolet; et, s'étant rendu à cheval sur le terrain convenu, il tira pour toute arme un de ces ridicules instrumens dont les enfans malicieux se servent pour se jeter de l'eau les uns aux autres, un..... une..... j'en ai oublié le nom.

— Une petite seringue, dit Peveril, qui commençait à se souvenir d'avoir entendu parler de cette aventure.

— Précisément. C'est là le nom de cet engin de malice dont j'ai éprouvé plus d'une fois les effets en passant près de l'école de Westminster. Eh bien, monsieur, cette preuve de dédain me força de lui parler sur un ton qui lui rendit indispensable d'employer des armes plus sérieuses. Nous combattîmes à cheval, placés à une distance convenue, et avançant l'un sur l'autre à un signal donné; et, comme je ne manque jamais mon coup, j'eus le malheur de tuer l'honorable M. Crofts du premier feu. Je ne souhaiterais pas à mon plus cruel ennemi la moitié de la douleur que je ressentis quand je vis ce pauvre jeune homme chanceler sur la selle, tomber de cheval, et rougir la terre de son sang. J'atteste le ciel que j'aurais voulu pouvoir lui racheter la vie au prix de la mienne. Ainsi périt un jeune homme plein de bravoure et donnant les plus belles espérances, sacrifié à la mauvaise plaisanterie inspirée par un esprit inconsidéré. Et cependant, hélas! que pouvais-je faire, puisque l'honneur est aussi nécessaire à la vie que l'air que nous respirons, et qu'on ne peut dire que nous vivions, quand nous y souffrons la moindre tache.

Le ton de sensibilité avec lequel ce héros nain conta la dernière partie de son histoire donna à Julien une meilleure opinion de son cœur et même de son esprit; car jusqu'alors il n'avait pas conçu une grande idée d'un homme qui se faisait honneur d'avoir été servi à table dans un pâté. Il en conclut que le petit champion s'était laissé déterminer à se prêter à cette folle idée par la nécessité que lui imposait sa situation, par sa propre vanité et par la flatterie de ceux qui voulaient s'amuser à ses dépens. Le destin du malheureux Crofts et les divers exploits de ce pygmée belliqueux pendant les guerres civiles, où il montra véritablement de la bravoure et commanda une compagnie de cavalerie, rendirent pourtant les courtisans plus circonspects dans leurs railleries, — railleries d'autant moins nécessaires d'ailleurs, que, lorsqu'il n'y était pas en butte, Geoffrey Hudson manquait rarement de se montrer sous un point de vue ridicule.

A une heure après midi, le porte-clefs, fidèle à sa parole, apporta aux deux prisonniers un dîner passable et un flacon de vin d'assez bon goût, quoiqu'un peu léger ; et le vieillard, qui était un assez bon vivant, remarqua en souriant que la taille de la bouteille était aussi *diminutive* que la sienne. La soirée ne se passa pas sans que Geoffrey Hudson donnât encore de nouvelles preuves de sa loquacité.

Il est vrai que son babil prit alors un caractère plus grave que pendant la matinée. Lorsque le flacon fut vide, il prononça une longue prière en latin, et cet acte de religion fut une introduction à des sujets plus sérieux que ceux qu'il avait traités avant le dîner, et qui n'avaient roulé que sur la guerre, l'amour des dames et la splendeur de la cour.

Le petit chevalier harangua d'abord sur des points polémiques de théologie, et ne quitta ce sentier épineux que pour faire une excursion dans les labyrinthes obscurs de la mysticité. Il parla d'inspirations secrètes, de prédictions faites par de sombres prophètes, de visites d'esprits moniteurs, des secrets des Rose-croix, des mystères des cabalistes ; sujets qu'il traita avec une telle apparence de conviction, et en citant tant de fois sa propre expérience, qu'on l'aurait pris pour un membre de la famille des Gnomes, auxquels il ressemblait par la taille.

En un mot, il persévéra si long-temps dans son caquetage, que Peveril résolut de faire tous ses efforts pour se procurer un logement séparé. Le vieillard, après avoir fait ses prières du soir en latin, car il était catholique, commença une nouvelle histoire en se déshabillant, et il ne cessa de parler que lorsque le sommeil lui eut fermé les yeux, ainsi qu'à son compagnon.

CHAPITRE XXXV.

―

« Des habitans de l'air appelant les mortels »
MILTON *Comus.*

JULIEN s'était endormi, la tête plus remplie de ses tristes réflexions que de la science mystique du petit chevalier, et cependant les visions que le sommeil lui présenta eurent plus de rapport à ce qu'il avait entendu, sans le désirer, qu'aux sujets bien autrement importans de ses méditations.

Il rêva qu'il voyait des esprits passer rapidement devant lui, qu'il entendait des fantômes lui adresser des paroles inarticulées, que des mains sanglantes lui faisaient signe d'avancer, comme à un chevalier errant destiné à de lugubres aventures. Plus d'une fois il s'éveilla en tressaillant, tant était vive l'impression de ces rêves fantastiques; chaque fois il s'éveillait avec l'idée bien prononcée qu'il y avait quelqu'un près de son lit. Le froid qu'il sentait aux pieds, le poids de ses fers, et le bruit qu'ils faisaient quand il se tournait sur son lit, lui rappelaient où il était et pourquoi il s'y trouvait; et les dangers auxquels il voyait exposé tout ce qu'il avait de plus cher faisaient éprouver à son cœur un froid bien plus glacial que celui que causait à ses jambes le fer qui les entourait. Il ne pouvait se rendormir sans adresser au ciel une prière mentale pour lui demander sa protection. Mais lorsque les mêmes images troublèrent son repos pour la troisième fois, l'agitation de son esprit se manifesta par des paroles, et il ne put s'empêcher de s'écrier : — Que Dieu ait pitié de moi !

— Amen! répondit une douce voix qui paraissait prononcer ce mot tout à côté de son chevet.

Il était naturel d'en conclure que Geoffrey Hudson, son compagnon d'infortune, avait répondu à une prière qui convenait si bien à leur situation respective; mais le son argentin de cette voix était si différent de l'accent dur et criard du pygmée, que Peveril fut convaincu que ce n'était pas lui qui venait de parler. Il fut saisi d'une terreur involontaire dont il n'aurait pu rendre raison, et ce ne fut pas sans un effort sur lui-même qu'il put faire la question : — Sir Geoffrey, avez-vous parlé?

Le nain ne répondit pas. Il répéta plus haut la même question, et la même voix à son argentin, qui avait répondu amen à sa prière, lui dit : — Votre compagnon ne s'éveillera pas tant que je serai ici.

— Et qui êtes-vous? Que cherchez-vous ici? comment

y êtes-vous entré? demanda Julien, entassant question sur question.

— Je suis un être malheureux, mais qui vous est attaché. Je viens ici pour vous être utile : le reste ne doit pas vous inquiéter.

Julien se rappela en ce moment qu'il avait entendu dire qu'il existait certaines personnes douées du talent merveilleux de parler de manière à ce que leur voix semblait partir d'un point tout opposé à celui où elles se trouvaient. Croyant avoir pénétré le mystère, il répondit : — Cette plaisanterie, sir Geoffrey, ne vient nullement à propos. Reprenez votre voix ordinaire pour me parler. Ces tours de passe-passe ne conviennent ni à une pareille heure de la nuit ni à la prison de Newgate.

— Mais ce qui convient le mieux à l'être qui vous parle, répondit la voix, c'est l'heure la plus sombre de la nuit; c'est le séjour le plus redoutable aux mortels.

Dévoré d'impatience et déterminé à satisfaire sa curiosité, Julien sauta brusquement à bas de son lit, espérant saisir celui qui lui parlait, et dont la voix indiquait la proximité; mais il échoua dans cette tentative, et ses bras étendus n'embrassèrent que de l'air.

Il fit une ou deux fois le tour de la chambre au hasard, étendant toujours les bras et ne réussissant pas mieux. Enfin il réfléchit qu'enchaîné comme il l'était, et trahi par le bruit de ses fers, il lui serait impossible de mettre la main sur quelqu'un qui prendrait les précautions nécessaires pour se tenir hors de portée. Il se détermina donc à regagner son lit; mais il se méprit dans l'obscurité, et arriva à celui de son compagnon. Le petit prisonnier dormait profondément, ainsi que l'indiquait une respiration sonore. Peveril s'arrêta quelques instans pour l'écouter, et fut convaincu, ou que son compagnon était un adepte dans l'art des prestiges et le plus habile des ventriloques, ou qu'il existait en ce moment dans cette chambre bien fermée un tiers dont la présence suffisait pour donner lieu de croire que son essence était différente de celle de l'espèce humaine.

Julien n'était pas très-disposé à croire aux choses surnaturelles; mais ce siècle était loin d'être incrédule, comme le nôtre, aux apparitions, et il pouvait partager les préjugés de son temps, sans renoncer pour cela à l'exercice de son bon sens. Ses cheveux commencèrent à se dresser sur sa tête, et une sueur froide inonda son front. Enfin, il appela son compagnon à haute voix, et le conjura, pour l'amour du ciel, de s'éveiller.

Le nain lui répondit, mais sans s'éveiller :

— Que m'importe qu'il fasse jour! Allez-vous-en au diable! Dites au grand écuyer que je ne suivrai pas la chasse, à moins qu'il ne me donne le bidet noir.

— Je vous dis, lui cria Julien, qu'il y a quelqu'un dans cette chambre. Avez-vous une pierre à battre le feu?

— Qu'importe que ce bidet n'ait pas de feu! répliqua le dormeur, suivant toujours la même chaîne d'idées qui le reportait sans doute au temps où il suivait la chasse du roi dans la forêt de Windsor : je saurai bien le faire marcher, et d'ailleurs je ne suis pas bien pesant. Je vous dis que je ne veux pas de cette grande brute de cheval Holstein, sur lequel je ne puis monter qu'à l'aide d'une échelle, et pour avoir l'air d'être perché sur un éléphant.

Julien prit le parti de le saisir par le bras, et il le secoua si violemment, qu'il l'éveilla enfin ; et Geoffrey Hudson, moitié ronflant, moitié bâillant, lui demanda d'un ton d'humeur ce que diable il avait.

— Oui, répondit Peveril, je crois que le diable en personne est en ce moment dans cette chambre.

A ces mots, le pygmée se leva précipitamment, fit le signe de la croix, battit le briquet, et alluma un bout de cierge qui était, dit-il, consacré à sainte Brigitte, et qui avait, pour chasser les mauvais esprits de tous les lieux qu'il éclairait, le même pouvoir que l'herbe appelée *fuga demonum*, ou le foie du poisson brûlé par Tobie dans la maison de Raguël, pourvu toutefois, ajouta le nain circonspect, qu'il existât des diables ailleurs que dans l'imagination de son compagnon.

En conséquence, la chambre ne fut pas plus tôt éclairée par les rayons partant du bout de cierge sacré, que Julien commença à douter de l'évidence de ses sens, car il n'y avait dans la chambre que Geoffrey Hudson et lui ; et la porte était si bien fermée, qu'il paraissait impossible qu'on eût pu l'ouvrir et surtout la refermer ensuite, sans faire un bruit qui aurait nécessairement frappé ses oreilles, puisqu'il était debout en se promenant dans la chambre pendant le temps que l'être qui lui avait parlé avait dû prendre pour faire sa retraite, si toutefois il appartenait à la nature humaine.

Julien regarda un moment, avec autant d'attention que de surprise, d'abord la porte bien fermée, ensuite la croisée garnie de gros barreaux de fer, et commença à accuser son imagination de lui avoir joué un tour fort désagréable. Il ne répondit pas grand'chose aux questions de Hudson; et, ayant regagné son lit en silence, il l'entendit prononcer un long discours sur les mérites de sainte Brigitte, discours qui comprenait la plus grande partie de sa légende, et qui se termina par l'assurance que, d'après tout ce que la tradition en avait conservé, cette grande sainte avait été la plus petite de toutes les femmes, en exceptant les femmes pygmées.

Lorsque le nain eut cessé de parler, Julien, qui avait éprouvé l'effet soporifique de son discours, jeta un nouveau coup d'œil autour de la chambre que le saint cierge éclairait encore; après quoi, fermant les yeux, il s'endormit d'un sommeil paisible, qui ne fut pas troublé pendant le reste de la nuit.

L'aurore brille pour Newgate comme pour la plus haute montagne dont un habitant du pays de Galles ou une chèvre sauvage ait jamais gravi le sommet; mais c'est d'une manière si différente, que les rayons même du soleil, quand ils pénètrent dans ce séjour de désolation, ont l'air d'y être emprisonnés.

Cependant, quand Peveril se trouva éclairé par la lumière du jour, il se persuada facilement que ce qu'il avait cru entendre pendant la nuit n'était qu'un jeu de son imagination, et il sourit en songeant que des contes ridicules, semblables à tant d'autres qu'il avait souvent entendus dans l'île de Man, eussent pu faire une impression aussi forte sur son esprit, en passant par la bouche d'un être aussi singulier que Geoffrey Hudson, et dans la solitude d'une prison.

Avant que Julien fût éveillé, le nain avait déjà quitté son lit; il s'était assis au coin de la cheminée, avait allumé le feu, et avait placé sur les charbons un petit pot qui partageait son attention avec un gros in-folio, presque aussi haut que lui, et ouvert sur une table devant laquelle il était assis. Il était enveloppé du manteau dont nous avons déjà parlé, qui lui tenait lieu de robe de chambre, comme de préservatif contre le froid, et dont le collet remontait par derrière jusqu'à son grand bonnet. La singularité de ses traits, et ses yeux, armés de lunettes, se dirigeant tour à tour sur le volume qu'il lisait, et sur le pot qui bouillait lentement, auraient rendu Rembrandt jaloux de le peindre comme un alchimiste ou un nécromancien s'occupant de quelque étrange expérience en consultant un gros manuel de son art mystique.

L'attention du nain avait pourtant pour but un objet plus utile, car il préparait une soupe savoureuse pour son déjeuner, dont il invita Julien à prendre sa part. — Je suis un ancien soldat, dit-il, je dois ajouter, un ancien prisonnier, et je sais mieux que vous, jeune homme, comment me tirer d'affaire. Au diable ce coquin de Clink! il a mis la boîte aux épices hors de ma portée. Voulez-vous bien me la donner? Elle est sur le manteau de la cheminée. Je vous apprendrai à *faire la cuisine*, comme disent les Français; et alors nous partegerons en frères, si cela vous convient, les travaux de notre prison.

Julien consentit, sans hésiter, à la proposition amicale du petit vieillard, et ne lui donna point à entendre qu'il songeât à ne pas être plus long-temps son compagnon de chambrée. La vérité, c'est que, quoiqu'il fût tout porté à regarder comme une illusion la voix qu'il avait cru entendre la nuit précédente, il éprouvait cependant la curiosité de savoir comment il passerait une seconde nuit dans la même chambre. D'ailleurs le son de la voix de cet être invisible qui l'avait frappé de terreur pendant la nuit n'excitait plus en lui qu'une douce agitation, un souvenir qui n'avait rien de désagréable, et qui lui laissait même une sorte de désir de l'entendre encore.

Les jours qui se passent dans la captivité offrent peu d'événemens remarquables; celui qui suivit la nuit que nous venons de décrire n'en présenta aucun. Le nain offrit à son jeune compagnon un volume semblable à celui qu'il lisait, et qui était un tome des romans aujourd'hui oubliés de Scudéri, dont Geoffrey Hudson était grand admirateur, et qui étaient alors fort à la mode tant à la cour d'Angleterre qu'à celle de France, quoique l'auteur ait su réunir dans ses énormes infolios toutes les invraisemblances et toutes les absurdités des anciens romans de chevalerie, sans la fraîcheur de leur naïve imagination; mais en récompense on y trouve toute l'absurde métaphysique que Cowley et les autres poètes de son siècle ont accumulée sur la passion de l'amour, métaphysique assez semblable à une grande quantité de poussière de charbon, qui, jetée sur un feu mal allumé, l'éteint au lieu de l'entretenir.

Mais Julien n'avait d'autre alternative que de s'attendrir sur les chagrins d'Artamènes et de Mandane, ou de réfléchir tristement sur sa pauvre situation, et ce fut dans cette occupation agréable que la matinée se passa.

A une heure, et à la chute du jour, nos deux prisonniers reçurent la visite de leur porte-clefs, qui, d'un air sombre et bourru, leur apporta leurs repas ordinaires, et leur rendit en silence le peu de services dont ils avaient besoin, sans échanger avec eux plus de paroles que ne s'en serait permis un officier de l'inquisition d'Espagne. Avec la même gravité taciturne, bien différente du sourire qui avait été surpris la veille de paraître un instant sur ses lèvres, il frappa sur leurs fers avec un petit marteau, pour s'assurer, par le son qu'ils produisaient, qu'ils n'avaient pas été entamés par la lime, et, montant ensuite sur la table, il soumit à la même épreuve les barreaux de fer qui garnissaient la fenêtre.

Le cœur de Julien battit vivement en ce moment. N'était-il pas possible qu'un de ces barreaux eût été déplacé de manière à donner entrée à l'être inconnu qui leur avait rendu visite la nuit précédente? Mais le son clair et net qu'ils rendirent lorsqu'ils furent frappés tour à tour par le marteau du vigilant Clink, fut pour l'oreille expérimentée du porte-clefs une garantie complète que tout était en état de sûreté.

— Il serait difficile que quelqu'un entrât par cette croisée, dit Julien en exprimant tout haut les pensées qui l'occupaient.

— Peu de personnes s'en soucieraient, répondit le porte-clefs d'un ton bourru, en se méprenant sur le sens que Peveril attachait aux mots qu'il venait de prononcer. Et je puis vous dire encore qu'il serait tout aussi difficile d'y passer pour sortir.

Il se retira, et la nuit arriva.

Le nain, qui s'était chargé de la besogne de toute la journée, se donna beaucoup de mouvement pour tout ranger en ordre dans la chambre, éteindre le feu, et remettre à leur place divers objets dont on avait eu besoin pendant le jour. Pendant tout ce temps, il se parlait tout haut à lui-même, et toujours avec un ton d'importance ; tantôt disant qu'un vieux soldat pouvait seul avoir la dextérité nécessaire pour savoir ainsi mettre la main à tout ; tantôt s'étonnant qu'un courtisan de la première classe pût condescendre à mettre la main à quelque chose. Vint ensuite la répétition de ses prières ; mais sa disposition à parler ne revint pas comme le soir précédent après cet acte de dévotion. Au contraire, long-temps avant que Julien eût fermé les yeux, Geoffrey Hudson lui prouva, par son murmure peu harmonieux, qu'il était déjà dans les bras de Morphée.

Au milieu de l'obscurité, et avec un violent désir, qui n'était pourtant pas sans quelque mélange de crainte, d'entendre de nouveau la voix mystérieuse de la nuit précédente, Julien resta long-temps éveillé, et le cours de ses pensées ne fut interrompu que lorsqu'il entendit sonner les heures à l'église du Saint-Sépulcre, voisine de la prison. Un léger sommeil s'empara enfin de ses sens, mais il n'avait guère dormi plus d'une heure, à ce qu'il lui sembla, lorsqu'il fut éveillé par la même voix dont il avait en vain attendu les accens avant de s'endormir.

— Pouvez-vous dormir? Voulez-vous dormir? Osez-vous dormir?

Telles furent les questions qui lui furent adressées par la même voix douce et mélodieuse qu'il avait entendue la nuit précédente.

— Qui me questionne ainsi? demanda Peveril; mais n'importe, que ses intentions soient bonnes ou mauvaises, je lui réponds : — Je suis un prisonnier innocent, et l'innocence peut, veut et ose dormir tranquillement.

— Ne me faites pas de questions, reprit la voix, et ne cherchez pas à découvrir qui vous parle; mais apprenez que la folie seule peut s'endormir entre la perfidie et le danger.

— Et vous qui me parlez de danger, pouvez-vous m'indiquer le moyen de l'éviter ou de le combattre?

— Mon pouvoir est limité. Cependant je puis faire quelque chose, comme le ver luisant peut faire apercevoir un précipice. Mais il faut que vous mettiez en moi votre confiance.

— La confiance engendre la confiance. Je ne puis en accorder sans savoir à qui et pour quoi.

— Ne parlez pas si haut, dit la voix en baissant le ton.

— Hier, dit Julien, vous me disiez que mon compagnon ne s'éveillerait pas tant que vous seriez ici.

— Et aujourd'hui je ne réponds pas qu'il ne s'éveille.

Et au même instant la voix rauque et discordante du nain se fit entendre, demandant à Julien pourquoi il parlait ainsi, pourquoi il ne dormait pas, et empêchait les autres de dormir; enfin si ses visions de la nuit précédente étaient encore revenues.

— Si vous dites oui, reprit la voix d'un ton si bas que Julien doutait presque si ce n'était pas un écho de ses propres pensées, si vous dites seulement oui, je pars pour ne jamais revenir.

Dans une situation désespérée on a recours à des remèdes étranges; et, quoique Julien ne pût calculer quelles chances avantageuses cette correspondance singulière pouvait lui offrir, il n'avait pas envie de les laisser échapper. Il répondit donc au nain que son sommeil avait été troublé par un rêve alarmant.

— Je l'aurais juré d'après le son de votre voix, dit Hudson. Or, je vous le demande, n'est-il pas étrange que vous autres, hommes de trop grande taille, vous n'ayez jamais cette fermeté d'ame qui nous appartient, à nous qui avons été jetés dans un moule qui nous donne une forme plus compacte? Ma voix conserve son accent masculin en toute occasion. Le docteur Cockerell prétend que les hommes, quelle que soit leur taille, ont la même proportion de nerfs et de fibres, mais que la nature les file plus gros ou plus déliés suivant l'étendue de la surface sur laquelle ils doivent se répandre. De là il résulte que les créatures les plus petites sont souvent les plus fortes. Placez un escarbot sous un grand chandelier, et l'insecte le fera mouvoir par ses efforts pour se mettre en liberté; ce qui est, pour suivre la comparaison, la même chose que si l'un de nous ébranlait, par de semblables efforts, la prison de Newgate. De même les chats et les belettes ont aussi les nerfs plus vigoureux et le principe vital plus fortement enraciné en eux que les chiens et les moutons. Vous pouvez remarquer, en général, que les petits hommes dansent mieux et sont moins fatigués des efforts de tout genre que ceux qui sont nécessairement écrasés sous le poids de leur propre taille. Je vous respecte, M. Peveril, parce qu'on m'a dit que vous avez donné une leçon à un de ces coquins de géans qui font les fanfarons, comme si leur ame était plus grande que la nôtre, parce que leur nez s'élève vers le ciel de quelques pouces de plus que celui des autres; mais cependant il ne faut pas vous enorgueillir de votre victoire comme d'une chose bien extraordinaire. Il est bon que vous sachiez qu'il en a toujours été ainsi, et que l'histoire de tous les siècles nous apprend que l'homme de petite taille, leste, vif et vigoureux, a toujours eu l'avantage sur un antagoniste gigantesque. Je n'ai besoin que de vous rappeler, dans les saintes écritures, la chute célèbre de Goliath et d'un autre grand flandrin dont la main avait plus de doigts et la taille plus de pouces qu'il ne doit en appartenir à un honnête homme, et qui fut tué par un neveu du roi David. Combien d'autres pourrais-je encore vous citer, si ma mémoire me rappelait leurs noms! mais une chose sûre, c'est qu'ils étaient tous Philistins. Car vous pouvez remarquer, dans l'histoire sacrée comme dans l'histoire profane, que ces géans sont toujours des hérétiques et des blasphémateurs, des oppresseurs et des brigands, des tyrans du sexe féminin et des rebelles contre l'autorité légitime. Tels étaient Gog et Magog, que nos chroniques authentiques rapportent avoir été tués près de Plymouth par le brave et petit chevalier Corineus, de qui le comté de Cornouailles a pris son nom. De même Ascaparte fut vaincu par Bevis, et Colbrand par Guy, comme Southampton et Warwick peuvent en rendre témoignage. Tel fut aussi le géant Hoel, tué en Bretagne par le roi Arthur. Et si Ryence, roi de la partie septentrionale du pays de Galles, qui reçut la mort des mains du même prince, digne champion de la chrétienté, n'était pas ce qu'on peut littéralement appeler un géant, il est évident qu'il n'en valait guère mieux, puisqu'il lui fallut, pour faire la fourrure de son manteau, vingt-quatre barbes de rois, et on portait alors la barbe dans toute sa longueur. Par conséquent, en calculant chaque barbe à raison de dix-huit pouces, car vous ne pouvez accorder moins à une barbe royale, et en supposant qu'on n'en avait garni que le devant du manteau, comme nous le faisons quand nous employons l'hermine, et que la fourrure du reste, au lieu de peaux de chats sauvages et d'écureuils, avait été faite de barbes de ducs et d'autres dignitaires inférieurs, nous verrons que..... Je vais en faire le calcul, et je vous en donnerai le résultat demain matin.

Pour quiconque n'est ni philosophe ni financier, il n'existe pas de somnifère plus puissant qu'un calcul de chiffres, et, quand on est au lit, l'effet en est irrésistible. Sir Geoffrey s'endormit donc en calculant quelle était la taille du roi Ryence, d'après la longueur supposée de son manteau. S'il n'était tombé sur ce sujet de calcul abstrait, on ne peut savoir combien de temps il aurait discouru sur la supériorité des hommes de petite taille, sujet si important pour lui, que, quelque considérable que soit le nombre des relations de ce genre, notre nain avait réuni une collection presque complète des histoires romanesques ou véritables des victoires qu'ils avaient remportées sur les géans.

Dès que l'oreille de Julien commença à avoir des preuves non équivoques que son compagnon s'était rendormi, il écouta avec grande attention, dans l'espoir d'entendre de nouveau la voix mystérieuse, qui l'intéressait et le surprenait en même temps. Même pendant qu'Hudson parlait, au lieu d'écouter l'éloge qu'il faisait des personnes de petite taille, il avait l'oreille au guet, pour ne pas perdre le moindre bruit qui pourrait se faire dans la chambre, de sorte qu'il croyait à peine possible qu'une mouche y volât sans qu'il entendît les mouvens de ses ailes. Si donc ce moniteur invisible était un habitant de ce monde, et le bon sens de Julien ne lui permettait pas de renoncer tout-à-fait à cette idée, il ne pouvait avoir quitté l'appartement, et il renouvellerait sans doute la conversation. Mais l'espoir de Peveril fut trompé : pas le plus léger son ne lui annonça la présence de l'être qui lui rendait des visites nocturnes, et qui paraissait déterminé à garder le silence, s'il était encore dans l'appartement.

Ce fut en vain que Peveril se moucha, toussa, et essaya toutes les manières possibles de faire entendre qu'il ne dormait pas : tout fut inutile, et enfin son impatience s'accrut à un tel point, qu'il résolut de parler le premier, dans l'espoir de renouer l'entretien.

— Qui que tu sois, dit-il d'une voix assez haute pour être entendu par une personne éveillée, mais assez modérée pour ne pas troubler le repos de son compagnon endormi, qui que tu sois et qui que tu puisses être, puisque tu as montré quelque intérêt au sort de l'infortuné Julien Peveril, parle-moi encore, n'importe que tu aies à m'annoncer le bonheur ou l'adversité, et sois sûr que je suis préparé à supporter l'un et l'autre.

Il ne reçut aucune réponse à cette invocation solennelle. Pas le moindre bruit n'indiqua la présence de l'être auquel il l'adressait.

— Je parle en vain, dit Julien, et peut-être j'invoque un être étranger aux sentimens qui animent les hommes, ou qui prend un malin plaisir à voir leurs souffrances.

Un léger soupir à demi retenu se faisant entendre dans un coin de la chambre, sembla servir de réponse à cette exclamation, et démentir l'accusation qu'elle exprimait.

Julien, naturellement courageux, et commençant à se familiariser avec sa situation, se mit sur son séant, et étendit le bras, comme pour proférer une nouvelle conjuration. Mais la voix, comme si les gestes et l'énergie de Peveril lui eussent fait concevoir des alarmes, s'écria d'un ton plus agité que celui qu'elle avait fait entendre jusqu'alors : — Restez tranquille; ne remuez pas, ou je garde le silence pour toujours.

— C'est donc un être mortel qui est en ce moment avec moi, pensa alors Julien assez naturellement. C'est quelqu'un qui probablement craint d'être découvert, et par conséquent j'ai quelque ascendant sur lui, quoique je ne doive en profiter qu'avec précaution. Si vos intentions sont bonnes, dit-il, jamais il n'a existé un instant où j'aie eu plus besoin d'amis, où un service rendu ait pu mériter de moi plus de reconnaissance. Le destin de tout ce qui m'est cher est dans la balance, et j'achèterais au prix de tout l'univers la certitude que je n'ai rien à craindre à ce sujet.

— Je vous ai déjà dit que mon pouvoir est limité, répondit la voix. Je puis peut-être vous sauver, *vous;* mais le destin de vos amis ne dépend pas de moi.

— Du moins faites-le-moi connaître, reprit Julien, et, quel qu'il puisse être, je ne craindrai pas de le partager.

— Et quels sont ceux dont le sort vous inquiète? demanda la voix avec un léger tremblement, comme si elle eût fait cette question avec répugnance, et qu'elle craignît d'en entendre la réponse.

— Mes parens, reprit Julien après avoir hésité un instant, comment se trouvent-ils? Quel sera leur destin?

— Ils sont comme le fort sous lequel l'ennemi a creusé une mine redoutable. Les travaux peuvent avoir coûté des années aux mineurs, tant ils avaient à vaincre d'obstacles; mais le temps porte l'occasion sur ses ailes.

— Et quel sera l'événement?

— Puis-je lire dans l'avenir? Je ne puis le juger qu'en le comparant au passé. Quels sont ceux qui ont été poursuivis par ces cruels et infatigables délateurs, et qui ont enfin succombé sous leurs accusations? Une naissance noble et illustre, une vieillesse respectable et une bienveillance universellement reconnue ont-elles pu sauver l'infortuné lord Stafford? Qu'ont valu à Coleman sa science, son esprit d'intrigue, la faveur dont il jouissait à la cour, et sa place de confident de l'héritier présomptif de la couronne d'Angleterre? L'esprit, la subtilité et toutes les démarches d'une secte nombreuse ont-elles conservé les jours de Fenwicke, de Whitbread et de quelqu'un des autres prêtres accusés? L'obscurité de Groves, de Pickering et d'autres misérables, leur a-t-elle servi de sauve-garde? Nulle condition, nuls talens, nuls principes ne peuvent protéger personne contre une accusation qui nivelle tous les rangs, qui confond tous les caractères, qui change en crimes les vertus, et qui regarde les hommes comme d'autant plus dangereux qu'ils jouissent de plus d'influence, quoiqu'ils l'aient acquise de la manière la plus honorable, et qu'ils ne l'exercent qu'avec droiture. Accusez qui vous voudrez d'être complice de la conspiration, faites entendre en témoignage contre lui Oates ou Dugdale, et l'être le moins clairvoyant pourra prévoir l'événement.

— Prophète de malheur! Mais mon père est couvert d'un bouclier qui le rendra invulnérable : il est innocent.

— Qu'il fasse valoir son innocence devant le tribunal de Dieu : elle lui servira peu devant celui que préside Scroggs.

— Je ne crains pourtant rien, dit Julien en affectant plus de confiance qu'il n'en avait réellement; la cause de mon père sera plaidée devant douze jurés anglais.

— Il vaudrait mieux qu'elle le fût devant douze bêtes féroces que devant des Anglais influencés par l'esprit de parti, les passions, les préjugés, et la terreur épidémique d'un danger imaginaire.

— Tes discours sont de mauvais augure, dit Julien, et ta voix peut servir de pendant à celle du hibou et à la cloche de minuit. Parle-moi encore pourtant, et dis-moi, si tu peux, si..... Il voulait parler d'Alice Bridgenorth, mais ses lèvres n'en purent prononcer le nom.
— Dis-moi, reprit-il, si la noble famille de Derby.....

— Qu'elle reste sur son rocher comme l'oiseau de mer pendant la tempête, et il peut arriver qu'elle y trouve un abri. Mais il y a du sang sur son hermine, et la vengeance la poursuit depuis bien des années, comme un limier que le matin a séparé de sa proie, mais qui espère la saisir avant le coucher du soleil. Au surplus cette famille est en sûreté jusqu'à présent. Vous parlerai-je maintenant de vos propres affaires, où il ne s'agit guère moins que de votre vie et de votre honneur; ou reste-t-il encore quelqu'un dont vous préféreriez les intérêts aux vôtres?

— Il existe une personne dont j'ai été séparé hier par violence. Si je la savais en sûreté, je ne m'inquiéterais guère de la mienne.

— Une! seulement une!

— Et cette séparation m'a ravi tout le bonheur que ce monde pouvait me procurer.

— Vous voulez dire, Alice Bridgenorth, dit la voix avec un accent d'amertume. Vous ne la verrez plus : il faut l'oublier. Votre vie et la sienne en dépendent.

— Je ne puis acheter la vie à ce prix.

—Mourez donc dans votre obstination, répondit l'être invisible. Et toutes les prières de Julien ne purent en obtenir un autre mot pendant tout le reste de la nuit.

FIN DU TOME TROISIÈME.

ŒUVRES COMPLÈTES
DE
SIR WALTER SCOTT.

Cette édition sera précédée d'une notice historique et littéraire sur l'auteur et ses écrits. Elle formera soixante-douze volumes in-dix-huit, imprimés en caractères neufs de la fonderie de Firmin Didot, sur papier jésus vélin superfin satiné; ornés de 72 *gravures en taille-douce* d'après les dessins d'Alex. Desenne; de 72 *vues* ou *vignettes* d'après les dessins de Finden, Heath, Westall, Alfred et Tony Johannot, etc., exécutées par les meilleurs artistes français et anglais; de 30 *cartes géographiques* destinées spécialement à chaque ouvrage; d'une *carte générale de l'Écosse*, et d'un *fac-simile* d'une lettre de Sir Walter Scott, adressée à M. Defauconpret, traducteur de ses œuvres.

CONDITIONS DE LA SOUSCRIPTION.

Les 72 volumes in-18 paraîtront par livraisons de 3 volumes de mois en mois; chaque volume sera orné d'une *gravure en taille-douce* et d'un titre gravé, avec une *vue* ou *vignette*, et chaque livraison sera accompagnée d'une ou deux *cartes géographiques*.

Les *planches* seront réunies en un cahier séparé formant *atlas*.

Le prix de la livraison, pour les souscripteurs, est de 12 fr. et de 25 fr. avec les gravures avant la lettre.

Depuis la publication de la 3e livraison, les prix sont portés à 15 fr. et à 30 fr.

ON NE PAIE RIEN D'AVANCE.

Pour être souscripteur il suffit de se faire inscrire à Paris

Chez les Éditeurs:

CHARLES GOSSELIN, LIBRAIRE
DE S. A. R. M. LE DUC DE BORDEAUX,
Rue St.-Germain-des-Prés, n. 9.

A. SAUTELET ET Cº,
LIBRAIRES,
Place de la Bourse.

www.ingramcontent.com/pod-product-compliance
Lightning Source LLC
Chambersburg PA
CBHW070523170426
43200CB00011B/2298